Anonymous

Reformations-Album

44 Bilder aus der Reformationszeit nebst Erklärung: die Vorläufer der Reformation, Luther und seine Mitarbeiter, Fürsten, Städte, Stätten und Denkmäler

Anonymous

Reformations-Album
44 Bilder aus der Reformationszeit nebst Erklärung: die Vorläufer der Reformation, Luther und seine Mitarbeiter, Fürsten, Städte, Stätten und Denkmäler

ISBN/EAN: 9783743454088

Hergestellt in Europa, USA, Kanada, Australien, Japan

Cover: Foto ©ninafisch / pixelio.de

Manufactured and distributed by brebook publishing software
(www.brebook.com)

Anonymous

Reformations-Album

Reformations-Album.

Reformations-Album.

44 Bilder
aus der

Reformations-Zeit nebst Erklärung.

Die Vorläufer der Reformation, Luther und seine Mitarbeiter, Fürsten, Städte, Stätten und Denkmäler.

Dritte Auflage.
Reading, Pa.
Verlag der Pilger-Buchhandlung.

Entered according to Act of Congress in the year 1885
by
AUGUSTUS BENDEL.
In the Office of the Librarian of Congress at Washington.

Vorwort.

Fast in jedem Hause findet man heutzutage ein **Photographie-Album** mit den Bildern der Familie und lieber Freunde. Im Besuchszimmer (Parlor) liegt dasselbe auf dem Tisch. Man macht es von Zeit zu Zeit auf und betrachtet die Gesichter. Kommen Freunde ins Haus, so nimmt man es auch zur Hand, zeigt die Bilder und da heißt's: Das ist unser Onkel in Deutschland, das war die Großmutter das war der Herr Pfarrer, der mich getauft hat, das meiner Mutter Schwesterkind 2c.

Hier wollen wir auch ein **Album** bieten, welchem wir das Bürgerrecht in vielen Häusern verschaffen möchten. Denn es enthält Bilder, welche uns alle etwas angehen. Sie gruppieren sich um den großen Gottesmann **Luther** und sind mit der Reformationsgeschichte verwachsen. Die Namen der Männer und der Orte haben wir schon oft gehört aber nur wenige haben wir im Bilde gesehen.

Jedem Bilde ist eine kurze **Lebensgeschichte** beigegeben. Wer eine ausführliche Geschichte von Luther haben will, kann sie in unserer Zeit billig bekommen. Auch über die andern Personen gibt's ausführlichere Beschreibungen. Wir geben nur eine kurze Erklärung der Bilder.

Laß deine Kinder diese Albumbilder betrachten. Sie werden dadurch gleichsam spielend mit den Namen der Gehilfen unsers Luthers vertraut. Zeige sie auch deinen Freunden — vielleicht werden manche dadurch angeregt, mehr vom großen Reformationswerk zu hören und zu lernen.

Die Reformation oder Erneuerung der Kirche.

1. Die Tempelreinigung. Als der Herr Jesus nach Seiner Taufe Seine ersten Ostern in Jerusalem hielt, fand Er im Tempel sitzen, die da Ochsen, Schafe und Tauben feil hatten und die Wechsler; Er machte eine Geißel, trieb sie hinaus, stieß ihre Tische um und sprach: Machet Meines Vaters Haus nicht zum Kaufhaus (Joh. 2, 14—17). Aber zwei Jahre darnach trieben die Krämer und Wechsler wiederum ihr gewohntes Gewerbe im Tempel und der Herr trieb sie aufs neue hinaus (Matth. 21, 12. 13). Dieses gilt auch von dem geistlichen Tempel Gottes, der Kirche des neuen Bundes. Der Satan hat oft versucht, die Tische der Wechsler und der Taubenkrämer auch hier aufzurichten. Oft war es ihm gelungen, mitten in der Kirche ein Kaufhaus und eine Mördergrube einzurichten. Aber weder die Apostel noch die Väter der ersten Christenheit duldeten solches. Sie flochten Stricke, trieben die Krämer hinaus und stießen die Tische der Wechsler um. Wie eine Hausfrau jede Woche ihr Haus kehren muß, will sie dasselbe rein halten; so müssen die Wächter auf Zions-Mauern stets darauf achten, daß das Verderben in der Kirche nicht einreiße und überhandnehme. Darum muß von Zeit zu Zeit sowohl in der Kirche wie auch in der einzelnen Gemeinde zum Besen gegriffen und gefegt werden.

2. Der Abfall. Bald nach den Aposteln traten im Osten wie im Westen der Kirche allerlei Irrlehrer auf. Da war es namentlich die Lehre von der Person Christi, die heftig angefochten wurde. Allein es gelang, diese wilden Reben zu entfernen. Anders verhielt es sich mit der falschen Lehre, welche Pelagius in Rom predigte, daß von Natur noch viel geistlich Gutes im Menschen sei. Zwar zeugte Augustin kräftig dagegen; aber die Lehre des Pelagius, wenn auch in etwas verfeinerter Gestalt, ist bis heute in der römisch-katholischen Kirche herrschend geblieben. Wo aber der natürliche Mensch, welcher aus sich selbst Gott wohlgefällige Werke zu thun im stande ist, hervorgehoben wird, da wird Christi Verdienst in demselben Maße verkleinert. Folglich die Lehre, daß das Verdienst Christi allein nicht zureiche zur Seligkeit; hingegen, daß der Mensch seine Todsünden selbst müsse durch gute Werke teilweise abverdienen; ja er könne sogar mehr gute Werke thun, als Gott von ihm verlange. Diese überflüssigen guten Werke bilden einen Schatz der Kirche, welchen dieselbe an andere veräußern könne. Daher der Ablaß. Und so ging es von einem Irrtum zum andern. Gleich von Anfang an kam noch die Anmaßung des Papstes mit hinzu, welcher sich erhob über alles, was Gott und Gottesdienst hieß. Und da jedermann aus der heiligen Schrift ersehen konnte, wie die römische Kirche vom Evangelium abgefallen war und viele dies auch offen bezeugten, so wurde das Lesen der heiligen Schrift bei Todesstrafe verboten.

3. **Zeugen der Wahrheit.** Hand in Hand mit dieser gottlosen Lehre ging, wie zu erwarten, ein schändliches, sittenloses Leben und namentlich unter dem Priesterstande. Es fehlte zwar nicht an manchen redlichen Versuchen zu bessern; aber nicht einer derselben ist wirklich gelungen. Etliche große Kirchenversammlungen hatten sich die Kirchen-Verbesserung zur Aufgabe gemacht. Allein ehe sie sich dessen versahen, hatte ihnen der Papst die Hände gebunden, oder das Konzil aufgelöst. Es fehlte nicht an treuen Zeugen der Wahrheit und ernsten Bußpredigern. In Frankreich predigten Peter Waldus, Bernhard von Clairvaux und Peter von Bruys; in Italien Arnold von Brescia und Savonarola; in der Schweiz Heinrich von Lausanne; in England Johann Wiclif; in Böhmen Johann Hus und Hieronymus von Prag; in den Niederlanden Thomas a Kempis und Johann Wessel und in Deutschland Berthold von Regensburg, Johannes Tauler, Johann Wesel und andere. Allein eine Kirchenreinigung brachten sie nicht zu stande. Das Evangelium wurde vom Papst mit aller Gewalt und der schrecklichsten Grausamkeit unterdrückt. Gott mußte selbst Seinen Moses erwecken, der Sein Volk ausführe aus der Knechtschaft Egyptens, daß es Ihm diene. Dieser Mann war **Dr. Martin Luther.**

Inhalt.

Titelbild: Luther schlägt die 95 Thesen an.
Titel.
Vorwort. Reformation oder Erneuerung der Kirche.

I. Die Vorläufer der Reformation.

1. Petrus Waldus.
2. Johann Wiclif.
3. Johann Hus.
4. Hieronymus Savonarola.

II. Luther und seine Mitarbeiter.

1. Martin Luther.
2. Philipp Melanchthon.
3. Georg Spalatin.
4. Justus Jonas.
5. Johann Bugenhagen.
6. Johann Brenz.
7. Friedrich Myconius.
8. Kaspar Cruciger.
9. Johann Mathesius.
10. Veit Dietrich.
11. Joachim Camerarius.
12. Paul Eber.
13. Joachim Mörlin.
14. Luther und seine Gattin.

III. Die Fürsten und andere Männer jener Zeit.

1. Kaiser Maximilian I.
2. Kaiser Karl V.
3. Kurfürst Friedrich der Weise.
4. Kurfürst Johann der Beständige.
5. Kurfürst Johann Friedrich der Großmütige.
6. Landgraf Philipp von Hessen.
7. Wolfgang Fürst von Anhalt.
8. Georg, Markgraf zu Brandenburg.
9. Kanzler Gregor von Brück.
10. Georg von Frundsberg.
11. Lazarus Spengler.
12. Hans Sachs.
13. Lukas Cranach.
14. Petrus Paul Vergerius.
15. Tetzel Ablaß verkaufend.

IV. Städte, Stätten und Denkmäler.

1. Luthers Geburtshaus in Eisleben.
2. Luthers Wohnhaus in Wittenberg.
3. Die Wartburg bei Eisenach.
4. Das Lutherzimmer auf der Wartburg.
5. Coburg mit der Veste.
6. Die Stadt Augsburg.
7. Der Saal zu Augsburg.
8. Die Kirche zu Eisleben.
9. Augsburger Konfession.
10. Die Grabschrift Luthers.
11. Luther-Denkmal in Worms.

Die Vorläufer der Reformation.

1. Petrus Waldus.
2. Johann Wiclif.
3. Johann Hus.
4. Hier. Savonarola.

Melanchthons Wappen.

PETER WALDUS.

Petrus Waldus und die Waldenser.

1. Entstehung. Etwa 350 Jahre vor Luther lebte in Lyon (Frankreich) ein reicher Bürger Namens **Petrus Waldus**. Hier hörte er begierig die wenigen Schriftabschnitte, die in den Kirchen vorgelesen zu werden pflegten. Allein er konnte fast nichts davon verstehen. War doch die Sprache, in der die Abschnitte verlesen wurden, die l a t e i n i s ch e. Waldus wünschte die Schrift in der Muttersprache zu lesen. Es gelingt ihm, zwei Priester ausfindig zu machen, welche für gute Belohnung sich dazu verstehen, die Schriften des Neuen Testamentes in die Volkssprache zu übertragen. Diesen werden auch Erklärungen und Aussprüche der Kirchenväter beigegeben. Nachdem ihm so die Schrift erschlossen worden war, forschte er fleißig darin und findet sich sonderlich angezogen von der B e r g p r e d i g t. Das Wort des Herrn an den reichen Jüngling buchstäblich befolgend, verkaufte der Lyoner Kaufmann (1170) alles, was er hatte und gibt es den Armen. Viele werden durch ihn erweckt. Durch Armut und Lesen der Schrift wollen sie vollkommen werden. Nach und nach erkennen sie, daß es ihre Pflicht ist, auch andern zu predigen. Die Priester ließen sie gewähren und öffneten ihnen gar die Kirchen.

2. Verfolgung. Der Erzbischof von Lyon verbietet Waldus und seinen Anhängern das Predigen. Dieser beruft sich aber auf das Wort Petri, Apg. 5, 29: „Man müsse Gott mehr gehorchen als den Menschen." Darauf werden sie aus L y o n vertrieben und ziehen nach dem südlichen Frankreich. Gegen die Kirche aufzutreten, war ihnen nicht in den Sinn gekommen. Sie wollen dieselbe nur beleben. Ihre Zeitgenossen loben ihren Eifer, ihre Arbeitsamkeit und ihren Lebenswandel. Aber nichtsdestoweniger thut sie der P a p st 1184 in den Bann. Er kann einmal die Predigt des Evangeliums nicht dulden. Ein Konzil (1229) v e r b i e t e t das Lesen der Schrift in der Volkssprache und zwar (1234) den Priestern ebensowohl als den Laien und führt die Inquisition zur Aufspürung und Bestrafung der Kezer ein. Tausende enden in den Kerkern und auf dem Scheiterhaufen. Die Uebrigen fliehen in die entlegensten Thäler P i e m o n t s und S a v o y e n s. Andere lassen sich in Neapel, in der Schweiz, in Württemberg, bei Regensburg in Bayern 2c. nieder. Waldus selbst war schon früher nach Böhmen geflohen und starb daselbst 1197.

3. Lehre. Ehe die greuliche Verfolgung über sie ausbrach, beklagen sie zwar das Verderben in der Kirche; bekennen sich aber so ziemlich zu allen Lehren derselben. Nach derselben gilt ihnen Rom als die Kirche des Antichrists; sie verwerfen die Heiligenverehrung, das Fegfeuer, die Ohrenbeichte 2c. Infolge ihrer Berührung mit den Böhmischen Brüdern (Hussiten) im 15. Jahrhundert kommen sie zu einer klareren Erkenntnis der evangelischen Lehre. Später erholen sie sich Rats bei den ihnen am nächsten wohnenden reformierten Predigern Buzer und Oekolompad, lassen ihre Lehre von 7 Sakramenten, vom freien Willen, von dem Verdienst Christi, das nur für die Erbsünde völlig genüge, fallen und werden Kalvinisten.

JOH. WICLIF.

Johannes Wiclif.

1. Unser Bild führt uns in eine Versammlung. Einer liest vor und erklärt. Die andern hören ihm mit großer Aufmerksamkeit zu. Die Leute halten einen Gottesdienst. Vieles deutet darauf hin, daß eine heimliche Versammlung ist. Der Ort ist ein finsteres Gewölbe, deshalb die Fackeln. Vielleicht ist es auch Nacht. Dem Mann dort hinten rechts von der Säule sieht man's an, wie ängstlich er ist, ob etwa jemand ihre Zusammenkunft entdecken würde. Vorne sehen wir eine Steinplatte aus dem gepflasterten Boden herausgenommen und unter dem Pflaster bemerken wir einen leeren Raum. Dort halten sie das Buch verborgen, aus dem vorgelesen wird. Und was ist dieses Buch? Kein anderes als die heilige Schrift. Und wer sind diese Leute? Das sind die Anhänger Wiclifs, meist Personen vornehmen Standes. Und da es streng verboten war, die Bibel in der Volkssprache zu lesen, so wählten sie dazu heimliche Zusammenkünfte.

2. Lebensgeschichte. Johannes Wiclif wird ums Jahr 1324 in England geboren. 1360 fängt er an, gegen das Klosterwesen und die Bettelmönche zu schreiben. 1365 erneuert der Papst die Forderung, daß ihm England einen jährlichen Tribut von 1000 Goldmark entrichte. Das Parlament weist diese unverschämte Forderung energisch ab und Wiclif, mittlerweile Professor in Oxford geworden, hält seinen Studenten Vorlesungen über die päpstlichen Anmaßungen und pflichtet der Regierung bei. 1374 wird er als Mitglied einer Gesandtschaft zur Ausgleichung des Zwistes an den Papst erwählt. Er unterhandelt mit den päpstlichen Kommissären zu Brügge in den Niederlanden, richtet aber nichts aus. Er hatte den Geist des Papsttums besser kennen gelernt. Nach England zurückgekehrt, schreibt er gegen das päpstliche Antichristentum. Der König gibt ihm die Pfarre Lutterworth noch neben seiner Professur; der Papst aber erklärt 19 Sätze in seinen Schriften für ketzerisch. Er wird von der Krone vor Gewalt geschützt. Dadurch wird er mehr ins Studium der Schrift getrieben. Er übersetzt dieselbe in die englische Sprache. Andre haben wohl, da er 1384 starb, das begonnene Werk vollendet. Wiclif sammelt Freunde um sich, mit denen er in der Schrift forscht, er verwirft die römische Lehre, daß das Brot und der Wein im heiligen Abendmahl in den Leib und das Blut Christi verwandelt werden, wird aus der Universität vertrieben, bleibt aber bis an sein Ende Pfarrer von Lutterworth.

3. Als Reformator hatte er wohl manche der Gebrechen erkannt; aber es fehlte ihm die tiefere Auffassung der Heilslehren. Darum urteilte Luther von ihm: „Er hat etliche Dörner, Hecken und Späne aus dem Weinberg Christi ausgehackt und des Papstes Mißbräuche und ärgerlich Leben angegriffen." Melanchthon schreibt: „Die Glaubensgerechtigkeit habe Wiclif nicht verstanden und Evangelium und Politik ungeschickt ineinander gemischt." Um die Verbreitung der heiligen Schrift unter seinen Landsleuten haben er und seine Anhänger sich sehr verdient gemacht und seine Schriften sind für Hus anregend gewesen.

JOH. HUS.

Johannes Hus.

1. Der Prediger. Dieser bekannteste aller Vorläufer Luthers ist 1369 zu Hussinez im südlichen Böhmen geboren. Hus besucht die berühmte Universität Prag, ist fleißig und wird von einem Ehrenamt zum andern befördert. 1403 wird er gar Rektor der Hochschule. Früh war er mit den Schriften Wiclifs bekannt geworden und 1398 fängt er an, dieselben seinen Studenten zu erklären. 1402 wird ihm die Bethlehems-Gemeinde in Prag übertragen und damit die Pflicht, nicht Messen zu lesen, sondern der Gemeinde das Evangelium in der Sprache des Volks zu verkündigen. Dadurch wird er um so mehr in die Schrift hineingeführt. Seine Predigten sind gewaltig. Die Königin hört ihn gerne. Der Erzbischof von Prag ernennt ihm zum Synodalprediger. Dies gibt ihm Gelegenheit, die offenbaren Sünden der Priester aus Gottes Wort zu strafen. Diese beklagen sich aber darüber aufs heftigste und so wird ihm das Amt wiederum genommen. In einer Prozession geißeln die Studenten die Laster der Geistlichkeit. Die Anhänger des Papstes werden dadurch gereizt. Hus erklärt, es sei manches Antichristliche im Papsttum. Die Universität verurteilt 45 Sätze Wiclifs, welche Hus vorgetragen hatte. Der König steht ihm bei und gewährt den Anhängern Hussens mehr Rechte an der Universität.

2. Der Bekenner. Um so freimütiger greift Hus das Verderben der Mönche an. Der Erzbischof verklagt ihn beim Papst. Eine päpstliche Verordnung (Bulle) untersagt das Lesen wiclifscher Schriften und dem Hus das Predigen. Nun erst verkündigt Hus ganz offen die Schriften Wiclifs und predigt unter ungeheurem Zulauf weiter. Der Erzbischof ergreift strenge Maßregeln; aber das Volk verhöhnt ihn. Hus wird nach Rom zitiert. Der König vermittelt. Drei unfehlbare Päpste verdammten sich gegenseitig. Johann XXIII., Seeräuber, Mörder und sonst ein grundliederliches Subjekt, behauptete sich auf dem päpstlichen Stuhl in Rom. Gegen die andern läßt er einen Kreuzzug predigen. Wer ihn als Papst beschütze, dem sollten viele Sünden erlassen werden. Hus verbrennt diese Bulle und predigt gegen den Papst. Er wird in den Bann gethan und über seinen Aufenthaltsort das Interdikt (Aufhören der Gottesdienste, Messe, Glockengeläutes, kirchlichen Beerdigung ꝛc.) verhängt. Er verließ Prag. Aber um so nachhaltiger wirkt der evangelische Sauerteig.

3. Der Märtyrer. 1414 kommt ein Konzil nach Konstanz zusammen. Man will reformieren. Hus wird vom Kaiser dahin gefordert. Er verspricht ihm sicheres Geleit. Hus gehorcht; wird aber in Konstanz ins Gefängnis geworfen. Tag und Nacht ist er gefesselt und an die Mauer geschmiedet. Ein Verteidiger wird ihm versagt. Man kann ihm nichts nachweisen, was mit der Kirchenlehre im Widerspruch gewesen wäre, dichtet ihm darum allerlei an. Er versichert, er kann nicht widerrufen, was er nie gelehrt habe. Wird aber dennoch zum Tod verurteilt und am 6. Juli 1415, seinem 46. Geburtstag, zum Scheiterhaufen geführt. Freudig und unter Lobpreis verschied er.

SAVONAROLA.

Hieronymus Savonarola.

1. Sein Erfolg. Unser Bild stellt vor einen feurigen Prediger im Mönchsgewand. Er wird unter den Vorläufern der Reformation erwähnt. Er ist ein furchtloser Zeuge der Wahrheit gegenüber mächtigen Feinden; aber vermischt Politik und Kirche und ermangelt der rechten Nüchternheit und Mäßigung. — Hieronymus Savonarola wird am 21. September 1452 zu Ferrara im östlichen Oberitalien aus adeliger Familie geboren, soll Arzt werden, flieht aber 1475 nach Bologna und wird Dominikanermönch. Hier studiert er neben den Schriften Augustins und Th. Aquinas die heilige Schrift mit großem Fleiße. Er vertieft sich in die alttestamentlichen Propheten und in die Offenbarung und glaubt sich zum Strafprediger berufen. 1486 kündigt er schreckliche Strafgerichte an, welche Italien mit nächstem treffen sollten. Scharen strömen ihm zu. 1490 wird er Lehrer der Novizen (Neuaufgenommenen) im Dominikanerkloster zu Florenz. Dies bleibt sein Wirkungsort bis zu seinem Tode. Das Haus der Medici, welches durch Handel zu fabelhaftem Reichtum gelangt war, kontrollierte nicht nur Venedig, sondern auch viele Fürsten. Auf dem päpstlichen Stuhle saß Alexander VI., ein rechter Ausbund von Schlechtigkeit. Savonarola setzt sich's zur Aufgabe, Italien zu befreien und die Kirche zu reformieren. Schonungslos, ohne jegliche Rücksicht, greift er das Verderben in Staat und Kirche an. „Eure Sünden", predigt er, „machen mich zum Propheten." Die Medici suchen ihn zu gewinnen; allein vergeblich. In der Zeit des tiefsten Friedens predigt er: „Es wird ein Sturm kommen, der die Berge erschüttert; über die Alpen wird einer herziehen gegen Italien, wie Cyrus von dem Jesaias schreibt." Und kaum zwei Jahre drauf fällt Karl VIII. von Frankreich mit einem mächtigen Heer in Italien ein. Die Medici werden vertrieben und Savonarola leitet weltliche und geistliche Angelegenheiten mit unumschränkter Gewalt. Die Wirkung seiner Predigt ist wunderbar: Todfeinde fallen einander um den Hals, sündliche Vergnügungen werden abgeschafft und ein neuer Geist, ein Geist der Liebe, kehrt überall ein. Aber das Werk artet in Fanatismus aus.

2. Sein Untergang. Savonarola wird dem Papst zu mächtig. Dieser läßt ihm die Würde eines Erzbischofs und Kardinals antragen. Savonarola verschmäht beides: er „will lieber den roten Hut des Märtyrertums tragen, gefärbt mit dem eigenen Blute." 1496 erscheint ein päpstliches Breve, das ihm, weil er sich für einen Propheten ausgebe, das Predigen verbietet. Savonarola fährt jedoch mit seinen Strafpredigten fort. Allein es kommt eine Wendung. Venedig wird rings bedroht und Savanarola verliert seinen festen Halt unter dem Volk. Jetzt kommt der Bann vom Papste. Savonarola will ein Gottesurteil zu Hilfe rufen. Das schlägt fehl. Das Volk schilt ihn einen falschen Propheten. Er wird schrecklich gefoltert, bleibt unerschütterlich und bekennt: er wolle sich in den Abgrund des göttlichen Erbarmens flüchten und nur in Christi Verdienst Frieden finden. Unter dem Lästern der Menge ist er am 23. Mai 1498 auf dem Scheiterhaufen verschieden.

Luther und seine Mitarbeiter.

1. Dr. Martin Luther.
2. Philipp Melanchthon.
3. Georg Spalatin.
4. Justus Jonas.
5. Johann Bugenhagen.
6. Johann Brenz.
7. Friedrich Myconius.
8. Kaspar Cruciger.
9. Johann Mathesius.
10. Veit Dietrich.
11. Joachim Camerarius.
12. Paul Eber.
13. Joachim Mörlin.
14. Luther und seine Gattin.

MARTIN LUTHER.

Dr. Martin Luther.

1. Vorbereitung zum Werke. Als nach Gottes Vorsehung die Zeit der Befreiung Seiner Kirche aus der Knechtschaft des Papstes gekommen war, berief Er Seinen Knecht Luther als einen zweiten Moses, um Sein Volk herauszuführen, daß es Ihm diene. Am 10. November 1483 wird derselbe zu Eisleben geboren. Sein Vater heißt Hans Luther und seine Mutter Margarete. Tags darauf, am Martinustage, wird er getauft und erhält daher den Vornamen Martin. Früh besucht er die Schule in Mansfeld, wohin seine Eltern gezogen waren, 1497 die zu Magdeburg und 1498 die zu Eisenach, wo Frau Cotta ihn speist. 1501 finden wir ihn auf der Universität zu Erfurt, wird Magister, studiert die Rechte und tritt 1505 ins Augustinerkloster. Er zeichnet sich durch (mönchische) Frömmigkeit aus; findet aber Frieden im Glauben an Christum. Wird 1507 Priester und 1508 Professor zu Wittenberg. Reist 1511 nach Rom, ist entrüstet über die Gottlosigkeit am Hofe des Papstes, wird 1512 Doktor der Theologie, erklärt die Psalmen und den Römerbrief, predigt über die zehn Gebote, Vater Unser 2c.

2. Der Reformator. Am 31. Okt. 1517 schlägt er die 95 Säze gegen den Ablaß, den Tetzel in der Nähe verkaufte, an die Thüre der Schloßkirche an. Sie machen ungeheures Aufsehen. Allgemein ist der Beifall. Luther wird verklagt. Steht 1518 vor Kajetan. 1519 disputiert er mit Eck in Leipzig. Er verfaßt eine Reihe Schriften für das Volk, wird 1520 in den Bann gethan, verbrennt aber die Bulle. Am 6. März 1521 wird er vor den Reichstag geladen, erscheint vor demselben am 24. und 25. April: widerruft aber nichts. „Hier stehe ich 2c." Reist tags darnach ab und wird unterwegs von Freundeshand auf die Wartburg entführt, während seine Person in Worms alles Schutzes für verlustig erklärt wird. Hier bleibt er nahezu ein Jahr, übersetzt das Neue Testament, eilt nach Wittenberg, um der Schwärmerei zu steuern und verehelicht sich 1525 mit Katharina von Bora. Er ordnet Gottesdienst, verfaßt deutsche Lieder, wehrt sich nach Außen und baut nach Innen. Marburger Religionsgespräch mit Zwingli über das hl. Abendmahl 1529. 1530 ist Luther auf Koburg während des Augsburger Reichstags.

3. Die letzten Jahre. Bibelübersetzung vollendet 1534. 1536 einigt sich Luther mit den süddeutschen Städten; aber die Schweizer wollen nichts von der Wittenberger Konkordia wissen. Trotz vielfacher Leiden ist er unermüdlich thätig. 1546 reist er nach Eisleben zur Schlichtung eines Streites, erkrankt und stirbt am 18. Februar morgens 3 Uhr mit den Worten: „Vater in Deine Hände 2c." Seine irdische Hülle wird in der Schloßkirche zu Wittenberg beigesetzt.

PH. MELANCHTHON.

Philipp Melanchthon.

1. Der Gelehrte. Der sanfte Mann, dessen Bild wir hier neben sehen, wird am 16. Februar 1497 zu Bretten in Baden geboren. Sein Vater heißt Schwarzerd und ist Waffenschmied. Zehn Jahre alt besucht er die Lateinschule zu Pforzheim. Den Hauptantrieb zur Entwickelung seiner trefflichen Geistesanlagen gibt der berühmte Reuchlin, Bruder seiner Großmutter. Dieser übersetzt seinen Namen nach damaliger Sitte ins Griechische und nennt ihn Melanchthon (melas schwarz, chthon Erde). Melanchthon besucht Heidelberg. Kaum 14 Jahre alt wird er Bakkalaureus. Kommenden Jahres bewirbt er sich um den Magistertitel; wird aber seiner allzugroßen Jugend wegen abgewiesen. Nun siedelt er nach Tübingen über. Hier verweilt er mehrere Jahre, wird Magister, gibt im Alter von 21 Jahren eine griechische Sprachlehre heraus, wird von drei Universitäten zugleich als Professor der griechischen Sprache berufen; folgt aber der Einladung nach Wittenberg und langt daselbst am 25. August 1518 gerade etliche Wochen, ehe Luther sich vor Cajetan in Augsburg stellte, an. Weit und breit bewunderte man seine Gelehrsamkeit.

2. Der Gehilfe Luthers. Luther findet an ihm einen trefflichen Gehilfen. Bald ist er für das große Werk der Reformation begeistert. Während Luther die Stämme fällt, zimmert und zusammenfügt, versteht Melanchthon das Polieren. Er ist ein Meister in der Kunst des Schreibens. 1521 läßt er seine Loci, die erste evangelische Glaubenslehre ausgehen; hilft an der Bibelübersetzung, verfaßt den „Unterricht der Visitatoren ec." zur Ordnung kirchlicher Angelegenheiten in Kursachsen, beteiligt sich 1529 am Marburger Religionsgespräch und disputiert dort mit Zwingli über die wahre Gegenwart Christi im heiligen Abendmahl. Er verfaßt auf Grund der von Luther aufgesetzten Marburg-Schwabach-Torgauer Artikel die Augsburgische Konfession und hernach deren Apologie, wird 1534 nach England berufen, bleibt aber in Wittenberg, beteiligt sich 1540 in dem Religionsgespräch zu Worms, 1541 an dem zu Regensburg und 1543 an der Kölner Reformation. 1540 ist er todkrank, genest aber auf Luthers Gebet.

3. Seine letzten Jahre. Melanchthon ist ein Mann des Friedens und nachgiebig. 1540 ändert er, den Römischen und Kalvinisten zu Gefallen, die Augsburgische Konfession. Er thut's zwar im Interesse des Friedens; der Streit wird aber nur um so heftiger. Er erregt allgemeinen Widerwillen bei den lutherisch Gesinnten durch sein Gutheißen des Leipziger Interims (1548), wodurch die römischen Gebräuche und Zeremonien ec. als Mitteldinge wieder eingeführt werden. Mit dem Seufzer für die Einigkeit der Kirche entschläft er am 19. April 1560. Seine Gebeine ruhen neben denen Luthers.

G. SPALATIN.

Georg Spalatin.

1. Jugendzeit. Georg Burkhardt wird am 17. Januar 1484 zu Spalt bei Nürnberg geboren. Nach seinem Geburtsort wird er Spalatinus genannt. Im Alter von 13 Jahren geht er nach Nürnberg in die Schule, bezieht 1499 die Universität Erfurt, auf welcher Luther zur selben Zeit studierte, wird 1502 in Wittenberg Magister und ist 1505 wiederum in Erfurt. Er ist Mitglied des deutschen Dichterbundes, zu dem mehrere Freunde Luthers gehören. In dem nahen Kloster Georgenthal wird er Lehrer der Mönche, kauft sich eine Bibel, liest sie ganz durch und wird 1508 zum Priester ordiniert und zwar durch denselben Bischof, welcher auch Luther ein Jahr zuvor ordiniert hatte. 1509 finden wir ihn in Torgau am Hofe des Kurfürsten Friedrich des Weisen, um die Erziehung seines Sohnes Johann Friedrich zu leiten. 1511 leitet er die Studien etlicher Prinzen in Wittenberg und wird 1512 Bibliothekar des Kurfürsten. Nunmehr verbleibt er bis zu seinem Ende am kurfürstlichen Hofe.

2. Hofprediger. 1514 wird Spalatin Hofkaplan des Kurfürsten. Zugleich ist er dessen Geheimsekretär und Begleiter auf seinen Reisen. Er besorgt die Korrespondenz des Fürsten in allen vorkommenden Angelegenheiten und erwirbt kostbare Reliquien für die Wittenberger Schloßkirche. Die Bittenden wenden sich an ihn, damit er sich für sie beim Kurfürsten verwende. Hauptsächlich aber leitet er im Namen seines Fürsten die Angelegenheiten der Wittenberger Universität. Dadurch wird er der vertraute Freund Luthers, der zwischen dem Reformator und dem Kurfürsten, mit dem Luther nie selbst geredet hat, vermittelt; den Fürsten über Luthers Kühnheit und Heftigkeit beschwichtigt und dessen Wünsche und Bedürfnisse dem Hofe ans Herz legt. Seine Dienste sind auch wertvoll bei der Bibelübersetzung. Dazu liefert er Luther z. B. eine Beschreibung der Edelsteine 2c. Auch brachte er den großen Kurfürsten zur evangelischen Ueberzeugung, und ist 1521 sein Begleiter nach Worms und 1530 nach Augsburg. Nach Friedrich des Weisen Tod, des Hoflebens herzlich müde, wird er Superintendent in Altenburg. Durch allzugroße Anstrengung wird seine Gesundheit früh untergraben und in Altenburg das Leben sehr verbittert. Luther bleibt sein Berater auch in dem Gemütsleiden, das sich einstellt. Am 16. Januar 1545 entschläft er im festen Glauben an seinen Herrn.

JUSTUS JONAS.

Justus Jonas.

1. Der Humanist. Wie Luther und Spalatin studiert auch Jonas auf der damals berühmtesten Universität Deutschlands, Erfurt. Hier war der Hauptsitz der sogenannten Humanisten. Diese übten sich nicht nur in der Dichtung und dem Studium der so arg vernachlässigten griechischen Sprache, sondern wollten auch die Glaubenslehre von den eisernen Fesseln der Scholastik befreit wissen. Scholastik nannte man nämlich das, wenn man für die Glaubenslehren nicht die Schrift selbst, sondern die Schriften eines Thomas Aquinas und Duns Scotus als Quelle benutzte. Die Humanisten wollten die Fesseln, welche der Einfluß dieser zwei Männer dem Unterricht in den Universitäten angelegt hatte, sprengen. Namentlich hatten sie es auch auf die Mönche abgesehen, welche sie durch ihre beißenden Spottgedichte zum Gegenstand des Gelächters für ganz Europa machten. Jonas ist ein eingeweihtes Mitglied dieser Genossenschaft, deren Häupter Erasmus, Reuchlin und Mutian waren. Geboren ist er am 5. Juni 1493 zu Nordhausen als Sohn des Bürgermeisters Jonas Koch. Diesen letzteren Namen läßt er weg, nennt sich Jonas und zieht seinen Vornamen Jodocus in Justus zusammen. 1506 begibt er sich nach Erfurt, studiert die Rechte, wird in Wittenberg Magister und 1519, nur 26 Jahre alt, Rektor der Erfurter Universität.

2. Zur Seite Luthers. Jonas begrüßt die 95 Thesen Luthers mit Freuden, übersetzt sie ins Deutsche und fängt in Erfurt biblische Vorlesungen an. Er begleitet Luther 1521 nach Worms und tritt im Juni als Professor der Kirchenrechte an der Wittenberger Universität ein. Im Oktober wird er Doktor der Theologie und erklärt unumwunden, daß die Schrift die einzige Richtschnur für Glauben und Leben sei. 1523 bis 1533 ist er Dekan der theologischen Fakultät, visitiert Kirchen, ist ein begabter und feuriger Redner, reist 1529 zum Marburger Religionsgespräch, 1530 nach Augsburg, übersetzt die Einleitung zum Bekenntnis ins Lateinische und deutscht Melanchthons Apologie, dichtet das heroische Reformationslied „Wo Gott der Herr nicht bei uns hält", ist Zeuge bei Luthers Eheschließung, hilft ihm an der Bibelübersetzung, steht an seinem Sterbebette und hält ihm folgenden Tages in Eisleben die Leichenpredigt über 1. Thessalonicher 4, 13—18.

3. Allerlei Trübsalen. Nachdem Erzbischof und Kurfürst Albrecht von Mainz die Stadt Halle, welche seine Residenz war, geräumt hatte, wird Jonas 1544 Superintendent daselbst. Wie Luther, leidet er an einem schmerzlichen Steinübel, wird 1546 vom katholischen Herzog Moriz verjagt, kehrt 1547 wiederum zurück, muß aber bald darauf mit Weib und 7 Kindern sich aufs neue flüchten. 1548 ist er zum drittenmal in Halle, darf aber nicht predigen und hat von da an keinen sichern Aufenthaltsort. Am 9. Oktober 1555 geht er zu Eisfeld a. d. Werra ein zu seiner Ruhe, nachdem er die Wahrheit seines Lieblingsspruches reichlich hatte erfahren dürfen: „Wenn ich den Menschen gefällig wäre, so wäre ich Christi Knecht nicht."

JOH. BUGENHAGEN.

Johann Bugenhagen.

1. Thätigkeit in Wittenberg. Bugenhagen, Sohn des Ratsherrn Gerhard Bugenhagen, wurde am 24. Juni 1485 zu Wollin in Pommern geboren, daher gewöhnlich Dr. Pommer genannt. 1502 finden wir ihn auf der Universität Greifswald. Auch er ist Humanist. 1504 wirkt er als Rektor an der Schule zu Treptow, welche unter ihm berühmt wird. Nebenbei ist er Lehrer am Kloster zu Belbuck, sammelt Urkunden und gibt 1518 die erste Geschichte Pommerns heraus. Noch hatte er wenig oder gar nichts von Luther erfahren. Da fällt ihm dessen Buch vom babylonischen Gefängnis in die Hände. Schnell entschlossen begibt er sich nach Wittenberg, trifft im März 1521 daselbst ein, beginnt in seinem Hause die Auslegung der Psalmen, welche Melanchthon drucken läßt, lehrt auf Luthers Aufforderung öffentlich an der Universität, bemüht sich mit Melanchthon zur Herstellung der Ordnung während Luthers Abwesenheit auf der Wartburg, tritt im Oktober 1522 in die Ehe und wird in demselben Jahre Stadtpfarrer in Wittenberg, segnet als solcher 1525 die Ehe Luthers mit Katharina von Bora ein, hilft ihm an der Bibelübersetzung, läßt 1528 sein „öffentliches Bekenntnis vom Sakrament" (heiliges Abendmahl) ausgehen, in dem er Luthers Lehre gegen Zwingli verteidigt, übersetzt das Neue Testament ins Niedersächsische, visitiert die Kirchen und wird 1533 Doktor der Theologie und 1536 Generalsuperintendent der sächsischen Kirchen.

2. Der Organisator — oder Begründer und Ordner evangelischer Kirchen. Bugenhagen hatte vor andern eine Gabe für dieses Gebiet und war auf demselben unermüdlich thätig. 15 Jahre lang (1527—42) ist er die meiste Zeit in Norddeutschland und Dänemark. Zuerst wird er nach Hamburg berufen. 1528 ist er in Braunschweig, 1530—32 in Lübeck. Für diese Städte verfaßt er Kirchenordnungen, welche fast allen andern in ganz Norddeutschland als Grundlagen dienen. Aehnlich wirkt derselbe 1534 in seiner Heimat Pommern. Am umfangreichsten ist seine Wirksamkeit in Dänemark. Sie erstreckt sich auf die Dauer von wohl 5 Jahren. Als die Reformation hier zum Durchbruch gekommen war, muß er König und Königin salben, 7 Superintendenten ordinieren, die Universität in Kopenhagen neu gestalten und für die Kirchen Ordnungen verfassen. Hernach finden wir ihn in Braunschweig und Hildesheim. — Luthers Tod hat ihn tief gerührt. Unter Schluchzen hält er ihm in Wittenberg die Leichenpredigt über 1. Thess. 4, 13—18. Hernach befürwortet er das Interim, was ihm aber übel aufgenommen wird. Er leidet an teilweiser Erblindung und Magenbeschwerden und entschläft am 19. April 1558.

JOH. BRENZ.

Johann Brenz.

1. Prediger zu Hall. Wohl keiner von allen denen, welche als Mitarbeiter an der Reformation in diesem Büchlein aufgeführt sind, hat den Sinn Luthers richtiger aufgefaßt und keiner ist dessen Grundsätzen und Lehren so treu geblieben, auch 25 Jahre nach dessen seligem Heimgang, als Johann Brenz, der Reformator Württembergs. Am 24. Juni 1499 wird derselbe zu Weil der Stadt (Württemberg) geboren. Die Schule genießt er in Weil und dem benachbarten Vaihingen. 13 Jahre alt treffen wir ihn auf der Universität Heidelberg. 1518 sieht er Luther, dessen Thesen er mit Begeisterung aufgenommen hatte, zum erstenmal bei Gelegenheit der Augustiner-Versammlung daselbst. Offen bekennt er sich zu Luthers Grundsätzen, wird Prediger in Heidelberg, nimmt aber 1522 einen Ruf nach Hall an und entgeht so römischen Nachstellungen. Seine evangelische Predigt wirkt zusehens in der alten schwäbischen Reichsstadt. Die Mönche müssen weichen. Viel Not macht ihm der Bauernaufstand. Mit großer Besonnenheit berät er die Stadt. Die Gefahr ist vorüber. Er nimmt sich der Schulen an, verfaßt das durchaus lutherische schwäbische Bekenntnis über das Abendmahl, ist 1529 in Marburg, dann auf dem Reichstag zu Augsburg, tritt in die Ehe, visitiert in den Ansbacher Landen, nimmt 1546 teil am Regensburger Religionsgespräch, muß aber in demselben Jahre eilends vor dem Andringen der Kaiserlichen fliehen, desgleichen 1548; weil er sich gegen das Interim erklärt hatte und während er aus Hall vertrieben worden war, stirbt seine Frau.

2. Reformator Württembergs. Erzbischof Cranmer, der Primas Englands, ruft ihn dorthin. Er will aber in Württemberg bleiben und lehnt ab. Herzog Ulrich, ein der Reformation gewogener Fürst, hatte die Regierung wiederum angetreten und läßt Brenz beschützen; muß ihn aber nach Basel senden. 1550 geht Brenz eine zweite Ehe ein, verfaßt das Bekenntnis der württembergischen Theologen für das päpstliche Konzil in Trient, wird 1552 vom Herzog dahin gesandt; aber nicht angehört; erhält 1553 das Amt eines Stiftspredigers in Stuttgart und damit das des ersten Predigers im Lande. In den nächsten zehn Jahren wohnt er einer ganzen Anzahl Religionsgespräche bei und wird in den ausgebrochenen Lehrstreitigkeiten als Vermittler zwischen lutherischen Theologen angegangen. Für die württembergischen Kirchen verfaßt er die große Kirchenordnung und den sogenannten Brenz'schen Katechismus, der bis heute in Württemberg gebraucht wird. Die württembergische Konfession vom Jahre 1552 verteidigt er in seiner umfangreichen Apologie gegen die Angriffe der Römischen, verfaßt zahlreiche Schriften, namentlich über das Abendmahl und verscheidet ruhig und sanft am 11. Sept. 1570. Im Chor der Stiftskirche zu Stuttgart, gegenüber der Kanzel, sind seine Gebeine beigesetzt, damit, wenn je eine andere Lehre von derselben der Gemeinde verkündigt werden sollte, er sein Haupt erheben und solchem Prediger zurufen könne: „du lügst!"

FR. MYCONIUS.

Friedrich Myconius.

1. Zusammentreffen mit Tetzel. Eines der lieblichsten Bilder aus dieser ganzen Zeit ist unser Fr. Myconius. Am 26. Dezember 1490 wird derselbe zu Lichtenfels unweit Koburg in Oberfranken als Sohn armer, aber frommer Eltern geboren. 1504 besucht er die Lateinschule zu Annaberg im sächsischen Erzgebirge. Hier begegnet er 1510 dem Ablaßprediger Tetzel. Fleißig hört er demselben zu und als er vernimmt, daß die Armen unentgeltlich um Gottes Willen Ablaß bekommen sollen, wagt er sich auch herzu und bringt in schönen lateinischen Worten seine Sache vor, wird jedoch abgewiesen und geht das Heil seiner Seele suchend ins Franziskaner Kloster. 1512 ist er im Weimarer Kloster. Obwohl er jahrelang alle Väter mit unermüdlichem Fleiße studiert, findet er doch keine Ruhe für seine Seele. Da werden ihm Luthers Thesen zum Führer. 1516 zum Priester geweiht, predigt er eine zeitlang über die Märlein der Heiligen; bald aber das Evangelium. Sieben Jahre lang ist er vielen Plackereien seitens der Mönche ausgesetzt.

2. Prediger in Gotha. Die Mönche suchen ihn in die Gewalt des dem Evangelium abholden Herzog Georgs (albertinisches Sachsen) zu bringen; Myconius entflieht jedoch nach Zwickau und zeugt aufs freudigste. Kurfürst Friedrich beruft ihn nach Gotha. Myconius arbeitet mit großem Eifer an der Wiederherstellung der zerrütteten Zustände, richtet Schulen ein und hat viel durch die Bauernaufstände zu leiden. Er hatte Luther noch nie gesehen. Dieser schreibt ihm 1525 einen köstlichen Trostbrief. 1526 verehelicht er sich, reist mit dem Kurfürsten mehrere Male ins Ausland, disputiert in Düsseldorf mit einem Franziskaner und überwindet ihn so gründlich, daß derselbe Lutheraner wird, ist 1529 in Marburg, 1536 bei dem Ausgleich mit den oberdeutschen Städten, und 1538 auf König Heinrich VIII. Bitte in England, um mit den dortigen Theologen über sämtliche Artikel der Augsburgischen Konfession zu verhandeln; bezweckt aber wenig, weil der König keinen Ernst zeigte.

3. Anderweitige Arbeiten. Die Anstrengungen waren für seinen schwächlichen Körper zu groß und es ist ihm in den letzten Jahren selten möglich zu predigen. Von großem Erfolg ist 1539 seine Arbeit in dem albertinischen Sachsen (Dresden-Leipzig) nach Georgs Tod begleitet. Er verfaßt etliche Schriften: Pastoral-Anweisungen und eine sehr wertvolle Geschichte der Reformation. In dieser nennt er Luther „den gesandten Mann Gottes, den letzten Elias, den Anfänger, da noch niemand von diesem Handel hätte träumen dürfen". Als er 1541 todkrank darniederliegt und jedermann an seinem Aufkommen zweifelt, da schreibt ihm Luther: „Fasse Mut, mein Friedrich! Der Herr wird es nicht zugeben, daß ich, solange ich lebe, von deinem Abscheiden höre!" Diesem Brief schreibt Myconius hernach sein Genesen zu. Und kaum ist Luther verschieden, so folgt auch Myconius nach (7. April 1546).

CASPAR CRUZIGER.

Kaspar Cruciger.

1. Der geschickte Schreiber. Am Neujahrstage 1504 wird dieser Gehilfe am Werke der Reformation in Leipzig geboren. Sein Name erscheint bald als Cruciger, bald als Creutziger, bald wiederum als Creutzinger. Er lernt griechisch und hebräisch und wird 1519 durch die Leipziger Disputation, der er beiwohnt, für das Werk der Reformation gewonnen. 1521 ziehen seine Eltern nach Wittenberg und hier wird ihm die Gelegenheit, näher mit der lutherischen Lehre bekannt zu werden. Cruciger zeigt besonderes Geschick am Nachschreiben und Protokollführen. Auf dem Wormser Konvent 1540 rühmt des Kaisers Kanzler Granvella von ihm: „Die Lutheraner haben einen gewandteren und gelehrteren Schriftführer als alle Päpstlichen." Mit großer Fertigkeit schreibt derselbe Luthers Predigten und Vorlesungen nach, gibt die Sommerpostille heraus und erhält von Luther den Auftrag, zusammen mit Rörer die erste Veröffentlichung seiner gesammelten Werke zu besorgen.

2. Sonstige Thätigkeit. 1524 wird Cruciger Rektor der St. Johannis-Schule in Magdeburg, woselbst er auch predigt. Aber 1528 kehrt er wiederum nach Wittenberg zurück, studiert Medizin und Naturwissenschaft, predigt in der Schloßkirche und hält biblische Vorlesungen an der Universität. Er ist Luther wegen seiner gründlichen Bekanntschaft mit den biblischen Grundsprachen und seiner naturwissenschaftlichen Kenntnisse ein brauchbarer Gehilfe an der Bibelübersetzung, wird 1535 Doktor der Theologie und wohnt vielen Religionsgesprächen bei. 1539 wird er nach Leipzig berufen, vom Kurfürsten aber auf Luthers Rat in Wittenberg festgehalten, der von ihm rühmt, er sei „ein Fürbund in der Theologie, auf den er es nach seinem Tode abgesehen habe". Cruziger stirbt am 16. November 1548 nach vielfachen Leiden infolge allzugroßer Anstrengung. Seine erste Gattin Elisabeth, verfaßte das im „Kirchenbuch" stehende Lied: „Herr Christ, der einig' Gottes Sohn." Seine Tochter Elisabeth aus zweiter Ehe verehelichte sich hernach mit Luthers ältestem Sohne Hans. Mit Bugenhagen und Melanchthon hat er auch Luthers Testament als Zeuge unterschrieben.

JOH. MATHESIUS.

Johannes Mathesius.

1. Der Schulmeister. Von Eltern niedern Standes wird Mathesius am 24. Juni 1504 zu Rochlitz bei Leipzig geboren. Sein Vater will einen Bergmann aus ihm machen und bringt den kleinen zehnjährigen Johannes in ein sächsisches Bergwerk. Als man aber seine Gaben erkennt, wird ihm gestattet, eine Nürnberger Schule und die Universität zu Ingolstadt zu besuchen. Wegen Mangel an Mittel hält er hier nicht lange aus. Er unterrichtet die Kinder einer Witwe von Adel, bekommt Luthers Schriften von den guten Werken und vom Abendmahl in die Hand und freut sich über solch evangelisches Zeugnis. 1529 kommt er selbst nach Wittenberg, hört Luthers gewaltige Predigt über die Taufe auf Grund des Trinitatis-Evangeliums von der Wiedergeburt, bereitet sich 1531 in Altenburg für den Lehrerberuf vor, wird 1532 Vorsteher der Schule zu Joachimsthal, führt Luthers Katechismus als Lehrbuch ein und erweist sich als gottesfürchtigen und gewissenhaften Schulmeister.

2. Der Pfarrer. 1540 ist er bei Luther in Wittenberg und erhält freien Tisch in dessen Hause. Nicht nur treibt er fleißig Theologie; er führt auch treuen Bericht über verschiedene Vorkommnisse in Luthers Haus. Mit dem Predigen will es bei ihm am Anfang nicht gut gehen. In den Uebungen bleibt er stecken und Luther treibt einmal den ängstlichen Mathesius dreimal auf die Kanzel, die er verlassen hatte, weil er nicht weiter konnte, bis er endlich Mut bekommt und eine „herrliche stattliche Predigt" thut. 1541 wird er Pfarrer in Joachimsthal und wirkt daselbst 24 Jahre lang mit musterhafter Treue und Frömmigkeit. Seiner Gemeinde, die aus Bergleuten besteht, erweist er sich als geistlichen Bergmann: „Ich diene dem obersten Bergherrn, Jesu Christo, haue Erz, richte, schmelze und treibe Gottes Bergwerke und Hütte." 1545 singt er das Lied: „Nun treiben wir den Papst hinaus aus Christi Kirch' und Gotteshaus." In 17 Predigten behandelt er Luthers, des „großen deutschen Propheten" Leben, wird am Sonntag den 8. Oktober 1565 auf der Kanzel vom Schlag gerührt, eben als er seine Predigt über das Evangelium vom Jüngling zu Nain zu Ende bringt und entschläft sanft.

VEIT DIETRICH.

Veit Dietrich.

1. Der Prediger. Am 8. Dezember 1506 in Nürnberg geboren, studiert er in Wittenberg Theologie und ist Luthers Tischgenosse. Er macht sich dem Reformator als Schreiber nützlich, zeichnet seine Vorlesungen, Predigten und Gespräche sorgfältig und ausführlich auf, begleitet ihn 1529 zum Marburger Gespräch, ist 1530 bei ihm auf der Feste Koburg während des Augsburger Reichstags und wird bald darauf Prediger an der St. Sebaldus-Kirche seiner Vaterstadt, welches Amt er auch bis zu seinem Tode bekleidet. 1537 unterzeichnet er im Namen Nürnbergs die Schmalkaldischen Artikel und wohnt auch 1546 dem Regensburger Religionsgespräch mit den Römischen bei. Im Auftrag des Rates der Stadt führt er 1542 die Reformation in etlichen pfälzischen Gebieten ein, welche die Stadt erworben hatte. Er hat das Verdienst, die noch immer gebräuchliche Elevation, d. h. das Emporheben der geweihten Elemente vor der Gemeinde, beim heiligen Abendmahl abgeschafft zu haben. Dazu bewog ihn namentlich die während des Wütens der Pest 1543 gemachte Erfahrung, daß das Volk sich haufenweise zum Altar stürzte und die Kirche, sobald es des Brotes und Weines ansichtig geworden war, wieder verließ, als ob damit schon das Sakrament genossen wäre. Viel Kummer verursacht ihm das sogenannte Augsburger Interim, eine Art Vergleich mit den Römischen, welches der Kaiser mit Gewalt in Nürnberg durchführte (1547—1549). Dietrich überlebt die Einführung nicht lange. Er stirbt am 24. März 1549.

2. Der Schriftsteller. 1543 gibt Dietrich ein „Agendbüchlein" heraus für die Pfarrer auf dem Lande, das aber auch in der Stadt gebraucht wird, vornehmlich aber hat er sich den Dank der Nachwelt erworben durch Herausgabe der Vorlesungen Luthers. Es sind dies die Erklärungen zu einer ganzen Reihe von Psalmen, dem Hohenlied, Micha, dem ersten Buche Mosis, Hosea und Joel; ferner dessen Hauspostille. Wertvoll sind auch seine selbständig verfaßten Summarien zur deutschen Bibel, sein Unterricht von der Gerechtigkeit, seine Schrift über des Papstes Gewalt, ein Trostschreiben 2c. Er ist ferner der Verfasser etlicher geistlicher Lieder, welche sich aber in den uns bekannten Gesangbüchern nicht finden.

JOACHIM CAMERARIUS.

Joachim Camerarius.

1. In Nürnberg. Am 12. April 1500 zu Bamberg aus altadeligem Geschlecht geboren, genießt Joachim Camerarius eine sorgfältige Erziehung und bezieht 15 Jahre alt die Leipziger Universität. Hier erlernt er gründlich die griechische Sprache und wird, wie so viele der Mitarbeiter Luthers, Humanist. 1518 geht er nach Erfurt. Hier wird er 1521 Professor der griechischen Sprache und Luther zugethan. Der Pest und Unruhen halben verläßt er Erfurt und kömmt nach Wittenberg. Melanchthon zieht den feingebildeten jungen Gelehrten besonders an. Beide werden innige und lebenslängliche Freunde. 1524 besucht er das Haupt der Gelehrtenwelt, den Erasmus, in Basel und wird 1526 Lehrer der griechischen Sprache und der Geschichte an dem neuerrichteten Gymnasium zu Nürnberg. Hier verbindet er sich mit anderen Freunden der Reformation wie Linck, Osiander und Alb. Dürer, besucht 1530 mit den Gesandten der Reichsstadt den Augsburger Reichstag und nimmt bei Vorlesung der von den Römischen vorgelegten Widerlegung der Augsburgischen Konfession genügend Notizen, daß Melanchthon (da den Evangelischen das Schriftstück nicht eingehändigt wird) hernach sichere Anhaltspunkte hat zur Abfassung seiner Apologie.

2. In Leipzig. Nachdem er auf Herzog Ulrichs Einladung einige Jahre auf der Universität Tübingen zugebracht und an deren Wiederaufhilfe wesentlich mitgewirkt hatte, folgt er 1541 einem Rufe an die Leipziger Universität. Hier hilft er kräftig zur Durchführung der Reformation mit, sorgt für die Schulen, gibt eine Anzahl griechischer Schriftsteller heraus und zieht eine Menge Studierender von überall an. 1546 muß er des schmalkaldischen Krieges halben (Religionskrieg zwischen Römischen und Evangelischen) fliehen, kehrt aber im folgenden Jahre wiederum zurück. Gegen das Interim zeigt er sich nachgiebig. Er besucht mehrere sogenannte Religionsgespräche, verhandelt in Wien mit Kaiser Maximilian II. über eine etwaige Religionsvereinigung, schlägt dessen Antrag aus, als kaiserlicher Rat in Wien zu verbleiben und stirbt am 17. April 1574, nachdem bereits sämtliche seiner Zeitgenossen ihm vorangegangen waren.

PAUL EBER.

Paul Eber.

1. Zu unserm Bild gehört, was Paulus an die Korinther schreibt: daß seine Briefe zwar schwer und stark, die Gegenwart des Leibes aber schwach und verächtlich sei (2. Kor. 10, 10); denn was Paulus von seiner persönlichen Erscheinung sagt, das gilt auch von unserem Paul Eber. Wie er aber verächtlich schien nach Ansehung der Person, so war er auch gewaltig dem Geiste nach. — Paul Eber, am 8. November 1511 zu Kitzingen in Franken geboren, besucht frühe das Gymnasium in Anspach, muß aber in folgenden Jahren krankheitshalben zurückkehren. Das Pferd, welches er reitet, scheut; Paul bleibt im Zügel hängen und wird eine halbe Stunde lang übers Feld geschleppt. Er trägt zwar einen krummen, höckerigten Körper davon; aber da sein klarer Verstand unbeschädigt geblieben ist, so legt er sich auf das Studium der Theologie mit aller Energie. Sechs Jahre studiert er unter Camerarius in Nürnberg und kommt 1532 nach Wittenberg.

2. Der Freund Melanchthons. Luther und Melanchthon nennt er den „Elias und Elisa der letzten Zeit". Ersterer ruft ihm zu: „Paulus heißest du, nun so werde ein Paulus und laß dich ermahnen, daß du nach Pauli Beispiel aufrecht erhalten und schützen wollest die Lehre, welche uns Paulus gegeben hat." Sonderlich aber wird Melanchthon zu ihm hingezogen. Dieser vertraut ihm seine Geheimnisse an und bespricht sich nahezu in allen Angelegenheiten mit Eber. Dieser wird darum scherzweise genannt des „Philippi Schatzkämmerlein". Er wird Professor der lateinischen Sprache, bleibt während des schmalkaldischen Kriegs mit Bugenhagen und Cruciger allein im verödeten Wittenberg und dichtet sein Lied: „Wenn wir in höchsten Nöten sein."

3. Generalsuperintendent. 1557 erhält er die alttestamentliche Professur und den Unterricht in der hebräischen Sprache und 1558 nach Bugenhagens Tod das Amt eines Stadtpfarrers in Wittenberg und Generalsuperintendenten des gesamten Kurfürstentums. Die Religionsstreitigkeiten verursachen ihm viel Kummer und Herzeleid. 1566 dichtet er das Neujahrslied: „Helft mir Gott's Güte preisen, ihr lieben Kinderlein," ferner das Sterbelied: „Herr Jesu Christ, wahr'r Mensch und Gott;" darnach „Herr Gott, Dich loben alle wir," „In Jesu Wunden schlaf' ich ein" und streift seine gebrechliche Hülle am 10. Dezember 1569 ab.

DR. JOACHIM MOERLIN.

Joachim Mörlin.

1. Allerlei Trübsale. Dem Jodokus Mörlin, Professor der Philosophie zu Wittenberg, werden zwei Söhne geboren, Joachim und Maximilian, welche beide berühmte Theologen unserer lutherischen Kirche geworden sind. Joachim wird am 6. April 1514 in Wittenberg geboren. Der Vater, durch Armut dazu getrieben, wird Pfarrer zu Westhausen bei Koburg. Sein Sohn soll Töpfer werden. Jedoch gelingt es Joachim die hohen Schulen zu besuchen und zwar zuerst in Marburg, sodann in Konstanz, wo Verwandte wohnen und schließlich in Wittenberg. Luther ernennt ihn 1540 zum Doktor. In demselben Jahre wird er Superintendent in Arnstadt. Hier predigt er ernstlich gegen pharisäische Werkthätigkeit, gewohnheitsmäßigen Gebrauch des heiligen Abendmahls, Geiz, Verachtung der Prediger ꝛc. Anstatt sich zu bessern, verklagen ihn einige Vornehme und ruhen nicht, bis sie ihn vertrieben haben. Göttingen beruft ihn zum Superintendenten. Mit großer Treue und Gewissenhaftigkeit liegt er seinem Beruf ob. Er bekämpft das Interim und wird von dem zum Papsttum übergetretenen Herzog Erich II., trotz den Bitten der Stadt, „da die Bürger steif an dem Doktor hingen," verjagt. Seine Gattin muß er krank zurücklassen. Vierzehn Reiter schützen ihn gegen die Soldaten des römischen Herzogs. Der Graf von Henneberg nimmt ihn auf. 1550 wird er als Domprediger nach Königsberg berufen. Hier trägt der frühere Nürnberger Prediger Andreas Osiander seine falsche Lehre von der Rechtfertigung als einer Gerechtmachung vor. Diese wird von Mörlin heftig bekämpft. Herzog Albrecht von Preußen, der durch Osianders Predigten zum evangelischen Glauben bekehrt worden war, weist Mörlin aus. Wiederum muß er flüchten. Auch hier bleibt sein Weib krank zurück.

2. In Braunschweig und Bischof von Samland. Er folgt 1553 einem Ruf der Stadt Braunschweig und wirkt als Superintendent über 14 Jahre daselbst. Martin Chemnitz steht ihm hier zur Seite. Nicht nur wartet er mit großer Treue der Predigt und Privatseelsorge, sondern nimmt auch in Verbindung mit seinen Kollegen regen Anteil an den vielen theologischen Fragen und Mißhelligkeiten, welche während jener Zeit auftauchen. So gegen Flacius, welcher lehrte, daß die Erbsünde etwas Substanzielles im Menschen sei und gegen Major, der den Satz aufstellte: Die guten Werke sind zur Seligkeit schädlich. — Der Herzog, der ihn aus Königsberg vertrieben hatte, ernennt Mörlin 1566 zum Bischof von Samland und bewegt ihn im folgenden Jahre zur Annahme des hohen Amtes. Am 6. September 1568 wird er zum Bischof geweiht. Mit gewohnter Treue verwaltet er sein Amt als Aufsehe der evangelischen Kirchen Preußens und stirbt am 23. Mai 1571. Charakteristisch ist, daß der Kardinal Hosius beim König von Polen klagbar wird, daß Mörlin den Bischofstitel führe: dieser könne nur vom Papste verliehen werden.

LUTHER UND SEINE GATTIN.

Luther und seine Gattin.

1. Die Nonne. Da an anderer Stelle von Luther sonderlich die Rede ist, beschränken wir uns hier auf seine „Käthe", Ehe ꝛc. — Katharina von Bora, Luthers Gattin, wird am 29. Januar 1499 den Edelleuten von Bora zu Stein-Laußig bei Bitterfeld in Meißen geboren. 1509 wird sie in das Kloster zu Nimptsch bei Grimma gebracht und 1515 eingesegnet. Sie wünscht, da es nie ihre Wahl gewesen war, in ein Kloster zu gehen, aus demselben befreit zu werden; findet aber bei den Ihrigen keine Hilfe. Mit acht andern Nonnen verläßt sie in der Nacht des stillen Samstags des Jahres 1523 das Kloster und kommt am Osterdienstag nach Wittenberg. Luther, dessen Schriften sie zum Austritt veranlaßt hatten, verwendet sich für sie bei ihren Verwandten und bringt sie, als diese ihr die Aufnahme verweigern, bei dem damaligen Stadtschreiber, Phil. Reichenbach, unter.

2. Die Ehe. Luther will sie an einen Nürnberger Adeligen verehelichen; auch Dr. Glatz wirbt um sie. Zu einer Ehe mit einem von diesen kommt es jedoch nicht. Da entschließt sich Luther selbst, in den Stand einzutreten, für dessen Heiligkeit er dem Papsttum gegenüber eingetreten war. Er thut dies einesteils seiner körperlichen Leiden willen; andernteils als einen Akt des Bekenntnisses: da die Römischen ihm vorwarfen, er rate zwar andern zu heiraten, aber er selbst wage es nicht. Erst am 10. April 1525 thut Luther seine Absicht kund und läßt sich bereits am 13. Juni trauen. Bugenhagen segnet sie im Kloster, wo Luther wohnt, in Gegenwart des Jonas, Dr. Apel, Luk. Kranach und dessen Gemahlin ein. Er selbst spricht das Gebet. Merkwürdig ist, daß der Erzbischof und Kardinal Albrecht, der Pächter des Ablasses unter dem deutschen Volk, dem Paar ein Hochzeitsgeschenk im Betrag von zwanzig Goldgulden übersendet, welches zwar Luther ausschlägt; aber Katharina, der es zugedacht ist, behält. Das römische Volk munkelt, daß aus solcher Ehe gewißlich der Antichrist hervorgehen müsse. Aber nicht der Antichrist, sondern „Hans" wird ihnen im Jahr darnach geboren. Ihm folgen Elisabeth (die im Alter von 9 Monaten stirbt), Magdalena (die vierzehn Jahre alt wird), Martin, Paul und Margarete. Hans wird Kanzleirat in Weimar. Martin studiert Theologie; stirbt aber früh. Paul ist angesehener Arzt an den Höfen mehrerer Fürsten geworden. Margarete heiratet einen preußischen Adeligen. Die Jesuiten haben nicht vermocht, dem Charakter und Wandel der Kinder Luthers einen Makel anzuheften.

3. Die Witwe. Luther hinterläßt ein Vermögen im Betrag von gegen 9,000 Gulden. Sie erhält außerdem Unterstützung vom König von Dänemark, dem Kurfürsten von Sachsen und dem Grafen von Mansfeld. Der schmalkaldische Religionskrieg bringt die Fürsten und Luthers Witwe in Not. Sie ernährt sich dürftig dadurch, daß sie Kostgänger hält und stirbt in Torgau am 20. Dezember 1557.

Fürsten und andere Männer jener Zeit.

1. Kaiser Maximilian I.
2. Kaiser Karl V.
3. Kurfürst Friedrich der Weise.
4. Kurfürst Johann der Beständige.
5. Kurfürst Johann Friedr. der Großmütige.
6. Landgraf Philipp von Hessen.
7. Wolfgang, Fürst von Anhalt.
8. Georg, Markgraf zu Brandenburg.
9. Kanzler Gregor von Brück.
10. Georg von Frundsberg.
11. Lazarus Spengler.
12. Hans Sachs.
13. Lukas Cranach.
14. Petrus Paul Vergerius.
15. Tetzel Ablaß verkaufend.

KAISER MAXIMILIAN I.

Kaiser Maximilian I.

1. Seine Stellung zum Papsttum. Maximilian regiert als deutscher Kaiser vom Jahr 1493 bis zu seinem Tode, welcher am 12. Januar 1519 erfolgt. Er stammt aus dem Hause Habsburg und erwirbt zu seinen österreichischen erzherzoglichen Besitzungen noch die Niederlande. Seinen Sohn, Philipp den Schönen, vermählt er mit Johanna, der Tochter Ferdinands und Jsabellens von Spanien und Erbin der spanischen Krone. Ihr erstgeborner Sohn und Enkel Maximilians I. ist Karl V., welcher nach Maximilians Tode seinem Großvater in der deutschen Kaiserwürde gefolgt ist. Vor und während Maximilians Regierung saßen wahre Helden der Schlechtigkeit auf dem päpstlichen Stuhle. Der Papst Sixtus IV. legt Lasterhöhlen in Rom an und bereichert sich durch die Abgaben, welche dieselben in den Schatz „der Kirche" zahlen müssen. Der „heilige Vater" Innocenz VIII. (zu deutsch: der Unschuldige) wird seiner 16 unehelichen Kinder halber im Volkswitz „Vater des Vaterlandes" genannt. Alexander VI. ist ein Ausbund der abscheulichsten Unzucht 2c. Daneben erlauben sie sich allerlei Uebergriffe in die inneren Angelegenheiten des Reiches. Kaiser Maximilian läßt eine Reihe Gravamina (Beichwerden) wider das Papsttum verfassen und für Deutschland eine „pragmatische Sanktion" entwerfen, d. h. eine heilige, feierliche Anordnung des Kaisers in Sachen des Reiches gegenüber den Mißbräuchen und Uebergriffen der Päpste. Ja, er veranstaltet 1511 ein Nationalkonzil nach Pisa, auf welchem zwar der Papst abgesetzt, dasselbe aber vom abgesetzten Papste mit Hilfe seiner Schweizer gesprengt wird. Maximilian hatte nicht übel Lust, sich selbst zum Papste wählen zu lassen.

2. Sein Verhalten gegen Luther. Im Sommer 1518 wird ein Reichstag zu Augsburg abgehalten. Gegenstand der Verhandlung ist der Türke. Kardinal Cajetan vertritt den Papst. Der Kardinal läßt sich's angelegen sein, den Kaiser gegen Luther einzunehmen. Allein dem kursächsischen Rat Pfeffinger gegenüber äußert sich dieser: Luthers Thesen seien nicht zu verachten. Derselbe werde vielmehr ein Spiel mit den Pfaffen anfangen; der Kurfürst möge den Mönch fleißig bewahren (also nicht nach Rom ausliefern, wie der Papst in seiner Bulle vom August verlangt), weil man seiner vielleicht einmal bedürfte!" Luther, der im Oktober sich dem Cajetan zur Verantwortung stellt, gibt er ein kaiserliches Geleitschreiben. Und obwohl der Papst in seinem um diese Zeit eingetroffenen Breve Luther für einen Ketzer erklärt, den der Kaiser ausliefern müsse, so konnte doch Pfeffinger seinem Kurfürsten berichten, daß Luthers Sache beim Kaiser wohl stehe. Aber drei Monate darnach stirbt Maximilian. Menschlich geredet war sein Tod ein großer Verlust für das Werk der Reformation.

KAISER KARL V.

Kaiser Karl V.

1. Wird Kaiser. Am 11. Januar 1519 war Kaiser Maximilian gestorben. Nun sollte ein neuer Kaiser gewählt werden; denn die Kaiserwürde war damals nicht erblich. Wer die meisten Stimmen der sechs Kurfürsten (der drei weltlichen: Sachsen, Pfalz und Brandenburg und der drei geistlichen: der Erbischöfe von Mainz, Trier und Köln) erhielt, wurde Kaiser und damit Oberaufseher (denn Herrscher konnte man es nicht wohl nennen) über etliche hundert Könige, Herzoge, Grafen, Fürsten, Ritter, freie Städte c., die wiederum ihre inneren und äußeren Angelegenheiten selbst regierten und gegeneinander Kriege führten c. Auf dem Reichstag in Frankfurt (Juni 1519) soll nun die Wahl stattfinden. Allzugerne hätte Franz I., König von Frankreich, die deutsche Krone zu der seinen gehabt. Seine gewichtigsten Argumente für Erlangung des Preises waren die 850,000 Goldgulden, welche er unter die Mitglieder des Reichstags verteilt. Aber die Kurfürsten trauen ihm nicht und tragen die Würde Friedrich dem Weisen von Sachsen (Luthers Fürst) an. Dieser schlägt sie aus und lenkt die Wahl auf den jüngeren König Karl von Spanien, dem Enkel des verstorbenen Maximilians, der auch 1520 in Aachen gekrönt wird. Während den 36 Jahren seiner Regierung blieb er, was er war, ein Spanier und lernte nie die deutsche Sprache fließend sprechen.

2. Stellung zur Reformation. Der neue Kaiser ist ein Diplomat. Von diesem Standpunkte aus beurteilte er Luthers Werk. Er hätte wohl gerne die entstandenen Unruhen in Deutschland durch Unterdrückung der Reformation gedämpft; wird jedoch am Ergreifen und Durchführen ernster Maßregeln teils durch die Anmaßung der Päpste, teils durch die Winkelzüge des französischen Königs, namentlich aber durch den Einfall der Türken in Oesterreich, gegen welche er der Hilfe der evangelischen Fürsten benötigt ist, wenigstens so lange Luther lebt, verhindert. Obwohl er 1521 in Worms Luther in die Acht erklärte, so ist er doch Mann genug, dem Ansinnen der Römischen, dem Ketzer das zugesagte sichere Geleite zu entziehen, die Worte entgegenzusetzen: „Ich will nicht erröten wie Sigismund" (Siehe Hus). Luther hat stets aufs mildeste über ihn geurteilt und nennt ihn einmal „ein unschuldig Lämmlein unter Hunden und Teufeln."

KURFUERST FRIEDRICH III. V. SACHSEN.

Kurfürst Friedrich III., der Weise.

1. Der eifrige Katholik. Als ältester Sohn des Kurfürsten Ernst wird Friedrich am 17. Jan. 1463 zu Torgau geboren. 1486 folgte er seinem Vater nach dessen Tode in der Regierung und in der Kurwürde. Im Jahre zuvor war Sachsen zwischen seinem Vater Ernst und dessen Bruder Albrecht in die albertinische und ernestinische Linie geteilt. Da die Universität Leipzig zur albertinischen Linie gefallen war, so ermangelt sein Land einer Hochschule. Er gründet darum 1502 eine Universität in der Stadt Wittenberg. Kurz zuvor hatte er die schöne Allerheiligen- oder Schloßkirche gebaut. 1493 machte er eine Wallfahrt nach Palästina, wird in Jerusalem Ritter des heiligen Grabes, sammelt 5000 Stück Reliquien für seine neue Kirche, in welcher jährlich 10,000 Messen gelesen werden, wünscht das Ehrenzeichen der goldenen Rose zu empfangen, welche ihm 1519 Miltitz überbringt und wird für einen solchen Schirmherrn der Kirche gehalten, daß der Kardinallegat Raimund jedem, der für das Wohl Friedrichs ein Vaterunser betet, hundert Tage Ablaß zusagt.

2. Der angesehene Fürst. Wegen seiner Besonnenheit und seines Verstandes genießt er allgemeine Achtung im Reiche. Der Kaiser Maximilian I. überträgt ihm 1496 das Amt eines Reichsverwesers und als 1500 das sogenannte Reichsregiment zu stande kommt, stellt ihn der Kaiser an die Spitze desselben. Bei der Kaiserwahl 1519 ist er der einzige Kurfürst, welcher sich nicht durch französisches Geld hat bestechen lassen, und weist die angebotene Kaiserkrone von sich.

3. Der Beschützer Luthers. Friedrich ist der Fürst, von dem berichtet wird, er habe in der Nacht, als Luther die Thesen angeschlagen hatte, geträumt, die stets wachsende Feder eines Mönches, der in Wittenberg etliche Sätze anschrieb, habe die dreifache Krone des Papstes wanken gemacht. In der Reformation sucht der Kurfürst stets freie Hand zu halten: er ermuntert Luther nicht; ja dieser ist ihm oft zu kühn, er läßt ihn aber gewähren und schützt ihn gegen die Zumutungen der Römischen. Er handelt stets nach dem Grundsatz, es sei Luthern keine Ketzerei bewiesen worden; ein Konzil gelehrter und verständiger Männer soll ihn erst verhören. Solange ihm nichts nachgewiesen sei, könne er ihn nicht bestrafen. Durch sein standhaftes Auftreten in Worms macht ihm Luther große Freude und da er klar voraussieht, was demselben droht, so läßt er ihn heimlich in Sicherheit bringen (Wartburg). Am 5. Mai 1525 stirbt er, nachdem er zuvor das heilige Abendmahl unter beiderlei Gestalt empfangen hatte. Luther hält ihm die Leichenpredigt über 1. Thess. 4, 13—18.

KURFUERST JOHANN DER BESTÆNDIGE.

Kurfürst Johann, der Beständige.

1. Der erste Protestant. Das Bild zur Seite stellt den jüngeren Bruder Friedrich des Weisen vor. Am 30. Juni 1468 zu Meißen geboren, genießt er eine sorgfältige Erziehung zuerst im Elternhaus und hernach bei seinem Großoheim, dem Kaiser Friedrich III. Mit seinem Bruder, dem Kurfürsten Friedrich, regiert er gemeinsam. Nach dessen Tod 1525 folgt er demselben in der Regierung des ganzen Landes, da dieser unverheiratet starb. Als Luther gegen den Ablaß zu zeugen begann, war Johann bereits 50 Jahre alt; aber sein edler Wahrheitssinn bringt ihn bald zur evangelischen Ueberzeugung. Er hört Luthers Predigten fleißig und schreibt dieselben zuweilen selbst nach. Seinen Bruder Friedrich weiß er im stillen für Luthers Sache zu gewinnen. Letzterer widmet ihm mehrere erbauliche Schriften. 1525 befiehlt er seiner ganzen in Weimar versammelten Priesterschaft, ferner das Evangelium im Lande zu predigen und die Sakramente demgemäß zu verwalten. Auf dem Reichstag zu Speier 1526 bekennt er sich offen zu Luthers Lehre; läßt auch in seiner Herberge regelmäßig evangelischen Gottesdienst halten, macht von dem Beschluß, daß jeder in Religionssachen es also in seinem Lande halten solle, wie er es vor Gott und kaiserlicher Majestät zu verantworten sich getraue, Gebrauch und ordnet darauf die Kirchen. Mit Philipp von Hessen geht er ein Bündnis ein, um sich gegen etwaige Angriffe katholischer Fürsten zu verteidigen. Als bei dem zweiten Reichstag zu Speier die römische Mehrheit beschloß, daß die Messe überall geduldet, die Bischöfe wiederum eingesetzt und keine evangelische Neuerung mehr vorgenommen werden soll, unterzeichnet Johann als der erste die Protestation der Evangelischen gegen diesen Beschluß. Diese Handlung gab ihnen den Namen „Protestanten".

2. Der Bekenner in Augsburg. Die Evangelischen hatten an ein freies Konzil und eine deutsche Nationalversammlung appelliert. Letztere beruft der Kaiser nach Augsburg (1530). Auf Johannes Wunsch händigen ihm die Reformatoren eine Zusammenstellung der evangelischen Lehre ein. Melanchthon, Jonas und Spalatin begleiten ihn nach Augsburg. Der Kaiser behandelt ihn nicht sehr freundlich; Joh. weigert sich, an der Fronleichnamsprozession „dem allmächtigen Gott zu Ehren" teilzunehmen; seine Prediger läßt er nur unter dem Beding schweigen, daß der Gegenpart ebenfalls das Halten von Kontroverspredigten untersagt; er ist der erste, der die Augsburgische Konfession unterzeichnet und er ist es auch, der darauf besteht, daß dieselbe in deutscher und nicht in lateinischer Sprache, wie der Kaiser gewünscht, vorgelesen werde. Johann geht ein festes Bündnis mit den evangelischen Ständen ein und stirbt am 16. August 1532 an einem Schlagfluß. In der Schloßkirche in Wittenberg wird er neben seinem Bruder beerdigt und Luther hält ihm die Leichenpredigt über denselben Text, worüber er Friedrich die Leichenpredigt gehalten hatte.

JOHANN FRIEDR. DER GROSSMUETIGE.

Kurfürst Johann Friedrich, der Großmütige.

1. Jugend und Regierungsantritt. War sein Oheim Friedrich der Beschützer der Reformation und sein Vater Johann der Bekenner derselben, so ist Johann Friedrich der Märtyrer derselben gewesen, daher ihm auch die Nachwelt den Zunamen „der Fromme" und „der Großmütige" beigelegt hat. Tausende haben sich schon angesichts seiner Leiden getröstet und an seinem Glaubensmut erquickt. Als Sohn des Kurfürsten Johann wird er am 30. Juni 1503 in Torgau geboren und von Spalatin erzogen. Er zeigt frühe eine innige Anhänglichkeit an Luther und ist für die Sache des Evangeliums ganz begeistert. Luther widmet ihm eine Erklärung des Lobgesangs der Maria und die Uebersetzung des Propheten Daniel. Die mit der Schwester Karl V. geschlossene Verlobung wird von ihrer Mutter der evangelischen Gesinnung des jungen Fürsten halber aufgehoben. Seine nachmalige Gattin, Tochter des Herzogs von Cleve, ist der Familie des Reformators nicht minder gewogen als er. 1532 tritt er nach seines Vaters Tod die Regierung an. Energisch führt er die Kirchen-Visitation durch, vermehrt die Einkünfte der Universität Wittenberg durch die eingezogenen Klostergüter, erhöht Luthers Gehalt von 200 auf 300 Gulden und sichert ihm das sogenannte schwarze Kloster in Wittenberg als sein Eigentum. Nikolaus von Amsdorf wird evangelischer Bischof von Naumburg-Zeiz und von Luther ordiniert.

2. Allerlei Trübsale. Mit dem Kaiser stand er von vornherein gar nicht auf gutem Fuß. Von den Reichstagen bleibt er grundsätzlich fern. Ein neuer Gegner ist ihm in seinem Vetter und Nachbar Moritz, Herzog des albertinischen Sachsen, erstanden. Der Kurfürst hatte den jungen Moritz erzogen. Obwohl evangelischer Fürst, tritt er dem schmalkaldischen Bunde nicht bei. Bald stehen beide Vetter mit den Waffen in der Hand einander gegenüber. Durch Luther und des Landgrafen Philipps Vermittlung wird diese Fehde beigelegt. Kurze Zeit hält es Moritz mit den Protestanten, dann tritt er offen auf Seiten des Kaisers. Dieser zieht allmählich eine beträchtliche Heeresmacht aus den Niederlanden und Italien herbei. Die lutherischen Bundesgenossen eröffnen den Feldzug, der Kurfürst sendet dem Kaiser einen Fehdebrief, wird 1547 von den Kaiserlichen schwer verwundet gefangen genommen; verliert den größten Teil seiner Länder, dazu die Kurwürde, welche jetzt Moritz verliehen wird; wird zum Tode verurteilt; schließlich aber zur Gefangenschaft begnadigt. Man will ihn nötigen, das Augsburger Interim und die römische Lehre anzuerkennen; allein er bleibt standhaft. Unter lautem Jubel seiner Unterthanen kann er nach 5jähriger Haft zurückkehren und stirbt am 3. März 1554.

PHILIPP I., LANDGRAF VON HESSEN.

Landgraf Philipp von Hessen.

1. Der mutige Held. Philipp wird als der einzige Sohn des Landgrafen Wilhelm von Hessen am 23. Nov. 1504 in Marburg geboren. Da er seinen Vater früh verloren hatte, so wird er als 14jähriger Knabe vom Kaiser für volljährig erklärt und tritt die Regierung an. Der hessische Adel und die Angriffe des kühnen Ritters Franz von Sickingen machen ihm viel Not; jedoch wird er ihrer Meister. In Worms sucht er Luther auf, drückt ihm die Hand und sagt: „Habt ihr recht, Doktor, so helfe euch Gott." Auch besteht er darauf, daß ihm das zugesagte sichere Geleite von Worms nach Wittenberg nicht versagt werde. 1523 vermählt er sich mit der Tochter des Erzfeindes Luthers, des Herzogs Georg von Sachsen, steuert 1525 dem Aufruhr der Schwärmer und Bauern, führt 1526 die Reformation in seinem Lande ein und gründet 1527 die Universität Marburg als zweite evangelische Hochschule. Philipp verbindet sich mit den evangelischen Fürsten zu einem Schutzbündnis angesichts der drohenden Haltung der römischen Stände, protestiert 1529 zu Speier gegen den von der feindlichen Mehrheit passierten Beschluß, verhilft dem Herzog Ulrich von Württemberg wiederum zu seinem Land und zur Einführung der Reformation daselbst, bekennt 1530 mit zu Augsburg, verläßt den Reichstag wegen der starken Parteilichkeit, welche der Kaiser gegen die Evangelischen an den Tag legt, versichert dem Kurfürsten, daß er Leib und Gut, Land und Leute fürs Wort Gottes lassen wolle und ruft den Städten zu, daß sie Männer seien, es habe keine Not.

2. Böse Tage. Viel ist dem Landgrafen daran gelegen, die Evangelisch-Gesinnten Mittel- und Norddeutschlands mit denen Süddeutschlands und der Schweiz zu vereinigen und dadurch ihre politische Macht zu stärken. Darum veranstaltet er 1529 das Marburger Religionsgespräch. Allein Einigung ist nicht zu erzielen. Die Leidenschaftlichkeit Philipps schadet der Sache des Evangeliums zu verschiedenen Malen. So 1528 die sogenannten Pack'schen Händel, da sich der Landgraf von Pack, dem Kanzleiverweser seines Schwiegervaters, von einem Bündnis der katholischen Fürsten berichten läßt und sich mitten im Frieden zum Krieg rüstet. Sodann seine Doppelehe, die viel Aergernis gibt. In der Lehre vom Abendmahl neigt er sich vielfach der reformierten Auffassung zu. Als Johann Friedrich von den Kaiserlichen gefangen genommen war, übergibt sich auch Philipp. Fünf Jahre wird er gefangen gehalten, von Ort zu Ort geschleppt und schmählich behandelt, gelangt 1552 wieder zur Regierung, pflichtet 1561 der lutherischen Abendmahlslehre bei und stirbt 1567 nach 49jähriger Regierung.

WOLFGANG, FUERST ZU ANHALT.

Wolfgang, Fürst zu Anhalt.

1. Sein Eifer. Der Fürst, den uns unser nebenstehendes Bild zeigt, ist einer der alleredelsten Männer der Reformationszeit. Schon auf dem Reichstag zu Worms mit Luther persönlich bekannt geworden, wird er durch Luthers Zeugnis für das Evangelium gewonnen und reformiert sein an der Saale gelegenes Gebiet mit der Stadt Köthen. Wir finden ihn auf den verschiedenen Fürstenversammlungen, auch unter den Protestierenden in Speier und 1530 begleitet er den Kurfürsten Johann von Sachsen nach Augsburg, unterzeichnet das Glaubensbekenntnis der Lutheraner und antwortet Dr. Eck, als dieser bemerkt, die Sache der Evangelischen könne nicht bestehen, sie könnten nicht wider den mächtigen Strom schwimmen: „Unsere Sache ist gut und ist Gottes Sache; dem trauen wir, der wird sie erhalten. Das sollt Ihr aber wissen, Herr Doktor, praktiziert Ihr einen Krieg, so werdet Ihr auf dieser Seite auch Leute finden." Wolfgang tritt mit in den schmalkaldischen Bund und ist stets ein treuer und zuverlässiger Bundesgenosse des Kurfürsten und Landgrafen.

2. Seine Treue. Auch er wird von den päpstlichen Heeren aus seinem Lande gejagt, wie es die übrigen Mitglieder des Bundes erfahren, singt dabei das Lied: Ein' feste Burg ꝛc., kehrt nach etlichen Jahren zurück, legt 1545 die Regierung in die Hände seiner Vetter, hebt Kirchen und Schulen mit seinen Mitteln, ist nebst Luther und etlichen anderen einer der Vermittler in dem Streit der Grafen von Mansfeld (Eisleben im Februar 1546) und steht am Sterbebette Luthers. Als das Interim eingeführt wird und die meisten Theologen und Fürsten sich unter dasselbe beugen, bleibt Wolfgang fest und unerschütterlich beim reinen evangelischen Glauben und Gottesdienst. Als Tausende sich dem Kalvinismus zuneigten, bekennt er bis an sein seliges Ende die reine lutherische Lehre. Er entschläft 1566, ein großer und edler Fürst von ungeheuchelter Frömmigkeit und echter Demut. Luther stand stets in vertraulichem Verkehr mit ihm. Er tröstet ihn in mancherlei Fällen, empfiehlt ihm geeignete Personen zum Kirchendienst und vermittelt häufig zwischen ihm und dessen Unterthanen.

GEORG. MARKGRAF VON BRANDENBURG.

Georg Markgraf zu Brandenburg.

1. Der Eiferer für das Evangelium. Am 4. März 1484 wird Georg als Sohn des Markgrafen Friedrich von Anspach-Kulmbach in der Stadt Anspach geboren, verlebt seine Jugend bei seinem Oheim, dem Könige Wladislaws II. von Böhmen und Ungarn, liest Luthers Schriften mit Begierde, tritt 1522 in persönliche Verbindung mit ihm und weiß manche geplante Gewaltmaßregel gegen die Evangelischen zu vereiteln. 1524 führt er zuerst in seinen in Oberschlesien gelegenen Besitzungen die Reformation ein; im Jahre drauf vermag er mit Luthers Hilfe seinen Bruder Albrecht, den Hochmeister des Deutschritter-Ordens, den Ordensstaat Preußen in ein weltliches Herzogtum zu verwandeln und dasselbe späterhin zu reformieren. 1528 wird es ihm nach dem Tode seines mitregierenden Bruders Kasimir möglich, die fränkischen Erblande (Anspach und Umgegend) nebst Brandenburg nach dem Vorbilde Kursachsens kirchlich zu ordnen. 1535 gelingt es Georg nach dem Tode des Kurfürsten Joachim I., dem Markgrafen von Brandenburg, der ein erbitterter Feind der Reformation gewesen, dessen Sohn und Nachfolger Joachim II. zur evangelischen Ueberzeugung zu bringen, sodaß 1539 auch in Berlin das Evangelium gepredigt wird. Diese Herzöge, Markgrafen 2c. von Brandenburg gehören dem Hause Hohenzollern an und sind die Ahnen der jetzigen deutschen Kaiserfamilie.

2. Der Fromme. Unser Fürst zeichnet sich nicht nur durch seinen Eifer für das Werk der Reformation aus, sondern auch durch seinen Glauben, Treue und Opferwilligkeit, mit der er für das Evangelium eintritt. Als ihm König Ferdinand von Oesterreich einmal ernste Vorwürfe macht, erklärt er ihm: er habe für das Seelenheil seiner Unterthanen zu sorgen, da die Bischöfe, denen dies befohlen sei, es verabsäumten. Er unterzeichnet 1529 die Schwabacher Artikel und tritt dem Bunde der Evangelischen bei, glaubt aber, daß die Fürsten eher leiden sollten als des Evangeliums wegen auch nur zur Verteidigung die Waffen gegen den Kaiser zu ergreifen. Als der Kaiser auf dem Reichstag zu Augsburg fordert, daß die evangelische Predigt eingestellt werden müsse 2c., erwidert Georg: „Herr, ehe ich von Gottes Wort abstünde, wollte ich lieber auf dieser Stelle niederknieen und mir den Kopf abhauen lassen." Worauf der Kaiser entgegnet: „Löver Fürst, nit Kopp ab!" Lockende Anerbietungen katholischer Fürsten weist er beharrlich ab und ob man ihm mit Verjagung aus seinem eigenen Lande droht, er bleibt doch dem Evangelium aufs innigste ergeben. Er stirbt am 17. Dezember 1543.

KANZLER GREGOR V. BRUECK.

Gregor H. von Brück, Kanzler.

1. Der sächsische Kanzler. 1484 wird Gregorius Heinse zu Brück unweit Wittenberg geboren; daher kurzweg „Brück" genannt oder auch in lateinischer Uebersetzung Pontanus. 1502 studiert er die Rechte auf der soeben eröffneten Wittenberger Hochschule und hernach zu Frankfurt a. O. Sein älterer Bruder Simon ist Stadtpfarrer in Wittenberg. Luther predigt längere Zeit regelmäßig für diesen. 1519 zieht sein Vater nach Wittenberg, um Luther zu hören. Auch Gregorius finden wir voll Teilnahme für das Zeugnis des Reformators. Seiner Gaben willen beruft ihn Friedrich der Weise 1520 zu seinem Kanzler, welches Amt er unter den drei Kurfürsten der ernestinischen Linie bekleidet. Im kommenden Jahr geleitet er seinen Fürsten auf den Reichstag zu Worms. Der Beichtvater des Kaisers Glavio knüpft Unterhandlungen mit ihm hinsichtlich Luthers an. Er meint, der Mönch habe einen trefflichen Kopf und müßte nur einiges widerrufen, namentlich das Buch vom babylonischen Gefängnis. Brück traut aber dem schlauen Vater nicht und wird sehr besorgt um Luthers Sicherheit, zumal er vernimmt, wie im Geheimen gegen denselben Pläne geschmiedet werden.

2. Seine Dienste in Augsburg. Brück tritt, wo es Not thut, für die evangelische Wahrheit mit Entschiedenheit ein. Den gewaltsamen und überstürzenden Maßregeln, zu welchen Karlstadt, Münzer und die wiedertäuferischen Schwarmgeister greifen, tritt er ebenso energisch entgegen. Treulich hilft er an der Ordnung der sächsischen Kirchen. Als 1529 die Seuche des „englischen Schweißes" ausbricht, wird Brück auch davon getroffen. Er liegt schon schwitzend darnieder; aber Luther treibt ihn und andere Freunde fast gewaltsam wieder heraus. Als die Einladung zum Augsburger Reichstag anlangt, macht der treue Kanzler seinem Fürsten den Vorschlag, daß „die Meinung, darauf unseres Teils bis anher gestanden und verharret, ordentlich in Schriften zusammengezogen werde mit gründlicher Bewährung derselben aus göttlicher Schrift, damit man solches in Schriften fürzutragen habe." Der Kurfürst findet diesen Rat für gut und so entsteht die Augsburgische Konfession. Zu dieser schreibt Brück die diplomatisch-gehaltene Vorrede und den Schluß. Im Namen der evangelischen Stände bittet er den Kaiser, die Vorlesung gestatten zu wollen und nachdem das Bekenntnis in deutscher Sprache verlesen worden, überreicht er dem Kaiser das deutsche und das lateinische Exemplar. Luther spricht oft seine Freude aus über den frommen Juristen und nimmt ihn zum Gevatter. Er stirbt 1557 und sein Leichnam ist in der Michaelis-Kirche zu Jena bestattet.

GEORG VON FRUNDSBERG.

Georg von Frundsberg.

1. Zusammentreffen mit Luther. Es ist am Nachmittag des 17. April 1521, einem Mittwoch, nachdem er tags zuvor in Worms angelangt und mit zahlreicher Begleitung auf offenem Wagen in die Stadt gefahren ist, als Luther der Einladung folgend, vor dem Reichstag zu erscheinen, durch den Garten der Ritter des Johanniter-Ordens dem bischöflichen Palaste, wo die Versammlung abgehalten wird, zuschreitet und, während er auf Einlaß wartet, mit dem berühmten Führer der Landsknechte, Georg von Frundsberg, zusammentrifft. Dieser klopft ihm auf die Schulter mit den Worten: „Mönchlein, Mönchlein, Du gehst jetzt einen Gang, einen Stand zu thun, dergleichen ich und mancher Oberster auch in unseren allerernstesten Schlachtordnungen nicht gethan haben; bist Du auf rechter Meinung und Deiner Sache gewiß, so fahre in Gottes Namen fort, und sei nur getrost, Gott wird Dich nicht verlassen."

2. Im Felde gegen die Aufrührer. 1522 gewinnt Frundsberg bei Bicocca, nördlich von Mailand, einen glänzenden Sieg über das französische Söldnerheer und leistet 1525 gute Dienste gegen die Aufständischen. Thomas Münzer, der Vater der Wiedertäufer, hatte nämlich die Bauern gegen die Obrigkeit aufgehetzt und ihnen vorgepredigt, das Evangelium entbinde sie vom Steuerzahlen und vom Gehorsam gegen die Obrigkeit überhaupt. Wilde Horden stürmten die Burgen, verbrannten die Schlösser, verheerten die Rittergüter und töteten die Edelleute, wo sie ihrer habhaft werden konnten. Der großsprecherische falsche Prophet Münzer wird aber sehr demütig, als er samt Mühlhausen, wo er sich verschanzt hatte, dem Heere der verbündeten Fürsten in die Hände gefallen war. Auch in Oberschwaben hilft Frundsberg den Aufstand dämpfen. 100,000 Bauern sollen in diesen Aufruhren gefallen sein. Frundsberg stirbt 1528.

LAZARUS SPENGLER.

Lazarus Spengler.

1. Der gewandte Ratsschreiber. Aus einem altadeligen Geschlecht ist Lazarus Spengler am 13. März 1474 als neuntes von 21 Kindern des kaiserlichen Landgerichtsschreibers Georg Spengler in Nürnberg, der berühmten und mächtigen freien Reichsstadt, geboren. 1494 bezieht er die Universität Leipzig, um die Rechte zu studieren, kehrt aber 1496 wieder nach Nürnberg zurück, da sein Vater mittlerweile gestorben war, und wird Schreiber in der Ratskanzlei seiner Vaterstadt. 1507 erhält er das Amt des ersten Kanzlisten und ist so gewandt, daß er zuweilen sechs Schreibern in ebensovielen verschiedenen Angelegenheiten auf einmal diktieren kann. Da seine Fähigkeit bekannt war, so beruft ihn der Kaiser Maximilian zum Reichssekretär; allein der Rat läßt Spengler nicht ziehen. Er steht in innigem Verkehr mit dem trefflichen Maler Albrecht Dürer. 1516 wird er Mitglied des höheren Rates.

2. Der Nürnberger Reformator. Als Luther nach Augsburg reist, um sich vor dem Kardinal Kajetan zu verantworten, trifft Spengler zum erstenmal mit dem großen Reformator zusammen. Es ist dies im Oktober 1518 im Augustinerkloster, als Luther bei seinem innigen Freunde Wenzeslaus Link, dem Klosterprediger, einkehrte. Link predigte bereits das Evangelium in der Aegidienkirche und etliche Monate darnach trat Spengler öffentlich für die Sache des Evangeliums auf. Er läßt nämlich seine „Schutzred 2c., warum Dr. Martin Luthers Lehr nicht soll unchristlich verworfen werden" ausgehen. Von Luther schreibt er: „es werde durch ihn der erste ordentliche Weg zu Christo als der Grundveste alles unseres Heils gewiesen." Die beiden Bürgermeister gewinnt er für die Einführung der Reformation; wird dafür durch dieselbe Bulle, welche Luther in den Bann thut, vom Papste Leo X. aus der Kirche gestoßen; hat aber die Genugthuung, daß sich die Nürnberger um die Bulle wenig kümmern; ja ihn sogar zum Vertreter der Stadt auf den Reichstag zu Worms senden. Luthers mutiges Auftreten gewinnt ihm vollends das Herz ab. Er ordnet Kirche und Schulen, verfaßt eine Kirchenordnung, wohnt 1530 dem Augsburger Reichstage bei; hält Melanchthon dessen Nachgiebigkeit halben vor, die Gegner müßten glauben, die Schrift hätte eine wächserne Nase, wenn man so vieles für unwesentlich halte; bekennt seinen Glauben aufs schönste in seinem Testament, welches Luther veröffentlicht und stirbt am 7. September 1534. Er ist der Sänger des herrlichen Glaubensliedes: „Durch Adams Fall ist ganz verderbt."

HANS SACHS.

Hans Sachs.

1. Der fruchtbare Dichter. Wir alle kennen den Reim:

„Hans Sachs war Schuh=
macher und Poet dazu" —

aber er ist ebensowenig in Sachsens Werken zu finden als der Reim: „Wer nicht liebt Weib ꝛc." in Dr. Luthers. Ein Schuhmacher jedoch war er und zwar ein trefflicher und auch ein Dichter, und zwar der Meister der Meister= sänger, den der berühmte Christian Thomasius († 1725) gar „den deutschen Homer" (Homer war der größte Dichter der Griechen) nannte. — Hans Sachs wird als Sohn eines Schneiders am 5. Nov. 1494 in Nürnberg ge= boren. Er besucht die Lateinschule als 7jähriger Knabe, kommt mit 15 Jahren bei einem Schuhmacher in die Lehre und bereist eine Menge Städte. Seine Wanderschaft erstreckt sich von Salzburg bis nach Aachen und von Lübeck bis nach Rom. Diese Reisen macht er als 17jähriger Jüngling, kehrt nach 5 Jahren wieder zurück, macht 1519 sein Meisterstück und betreibt von nun an sein ehrliches Gewerbe in seiner Vaterstadt. Allein längst war unserem Sachs ein anderer Beruf wichtiger geworden. Wir finden ihn 1513 in München zu den Füßen seines Landsmannes Nonnenbeck, um den Meistergesang zu erlernen. Sechzig Jahre lang, bis zu seinem Tod, welcher am 20. Jan. 1576 erfolgt, dichtet er fast ununterbrochen. Er teilt seine Schriften selbst ein in: „1. Geistlich Gespräch und Sprüch, 2. Weltlich Histori und Geschicht, 3. Von Tugend und Laster, 4. Mancherlei Art und Materi und 5. Fabel und gute Schwenck, Faßnachtspiele." Die Fruchtbar= keit des Mannes ist erstaunlich. In 34 starken Foliobänden hinterließ er 6,636 größere und kleinere Gedichte. Die Zahl seiner Verse beträgt über eine halbe Million und er ist neben dem Spanier Lopez de Vega der frucht= barste unter den Dichtern aller Länder.

2. Der Sänger der Reformation. Was uns aber Hans Sachs be= sonders teuer macht und ihm eine Stelle in diesem Büchlein einräumt, sind die Dienste, welche er der Reformation geleistet hat. 1523 läßt er sein Lied (700 Verse) ausgehen von der „Wittenbergisch Nachtigall, die man jetzt hört überall." Er beklagt, daß die Herde Christi sei von den Hirten in die Wüste geführet worden mitten unter Raubtiere; da habe auf einmal eine Nach= tigall ganz lieblich angefangen zu singen; auch komme jeder, der ihrer Stimme nachgehe, auf blumenreiche Aue. Viele seien so auf die rechte Weide gekommen. Ein Löwe (Papst Leo X.), der schon manches Schäflein zerrissen, habe wollen die Nachtigall (Luther) umbringen, sei ihm aber nicht gelungen. Mit beißendem Spott geißelt er die Laster der Priesterschaft und gibt sie dem Gelächter des Volkes preis. Auch dichtet er das Refor= mationslied: „Wach auf, mein's Herzens Schöne."

LUKAS CRANACH.

Lukas Cranach.

1. Freund Luthers. Unter den Bürgern Wittenbergs stand wohl keiner Luthern näher, als der Maler Lukas Cranach. Die Familien verkehrten stets miteinander und Cranach malte Luther und dessen Gemahlin nicht selten. Er gehört zu den angesehensten Personen der Stadt, ist Ratsherr und Kämmerer derselben und der vertriebene König Christian II. von Dänemark hält sich 1523 eine Zeitlang bei ihm auf. Die Königin, eine Schwester des Kaisers, wird hier ganz von Luthers Predigt hingerissen und auch Christian bekennt sich zum evangelischen Glauben. Luther zieht Cranach und seine Frau zu Zeugen seiner Trauung heran. Dieser erwirkt ihm vom Rate der Stadt ein Hochzeitsgeschenk im Betrag von zwanzig Gulden, etwas Wein und ein Faß Eimbecker Bier. Als Luther anfangs Dezember 1521 sich heimlich von der Wartburg nach Wittenberg gemacht hatte und hier in seiner grauen Ritterkleidung, seinem Vollbart, seinem Ritterhute mit dem roten Barettlein drunter und dem Degen zur Seite plötzlich bei Amsdorf einkehrt und sich seinen Freunden als einen fremden Junker vorstellt, läßt er auch Cranach rufen, daß er den fremden Gast male. Cranach willfährt der Bitte und wir haben noch heute dieses Bild Luthers.

2. Der Maler der Reformation. Luther war ein Freund von Bildern und Cranach mußte ihm solche malen für seinen Katechismus und seine deutsche Bibel. Im März 1521 erschien das Büchlein „Passional Christi und Antichristi". Cranach hatte die Bilder dazu gemalt, und Luther den Text zusammengestellt. Dem Bilde, wie Christus Seinen Jüngern die Füße wäscht, steht das gegenüber, wie der Papst sich seine Füße küssen läßt; dem Bilde: Jesus mit der Dornenkrone das Bild: der Papst mit der dreifachen Krone (Tiara). Unter jenen waren Schriftstellen und unter diesen Sätze aus den kirchlichen Rechtsbüchern beigefügt. So sollte dem Volk der Unterschied zwischen Christus und Seinem sein wollenden Stellvertreter, dem Papste, veranschaulicht werden. Aehnlich verfährt Luther 1545, um dem Volke klar zu machen, welche Unbilden die Deutschen vom Papste schon erfahren hätten. Cranach liefert wiederum die Bilder. Eines stellt den Papst vor, wie er dem deutschen Kaiser auf den Nacken tritt; ein anderes, wie ein anderer Papst Kaiser Konradin den Kopf abschlägt.

PETRUS PAULUS VERGERIUS.

Petrus Paulus Vergerius.

1. Der römische Legat. Aus vornehmer Familie im Jahre 1498 in Capo d' Istria (bei Triest in der österreichischen Provinz Istrien am Adriatischen Meere) geboren, studiert er Rechtswissenschaft, wird Doktor der Rechte, Richter in Verona, und Rechtsanwalt in Venedig und besucht 1530 Rom, um in den Dienst der Kirche zu treten. Sein Bruder, Sekretär des Papstes Klemens VII., führt ihn bei diesem ein. Er wird unter die Hausgenossen des Papstes aufgenommen, als Kardinal in die Geheimnisse eingeweiht und als Legat nach Deutschland abgeordnet, um an den fürstlichen Höfen die Verhinderung der Zusammenkunft eines deutschen Nationalkonzils auszuwirken. Vergerius besucht (1535) auch Wittenberg und lädt sogar Luther zu sich zum Mahl. Luther kleidet sich in seinen besten Anzug, hängt eine goldene Kette um und läßt sich sauber rasieren, damit er recht jung aussehe und des Papstes Botschafter Furcht bekomme, er könne noch viele Jahre leben und dem Papst noch viel Aerger bereiten. Er fährt mit Bugenhagen vergnügt zum Legaten und ruft im Scherz: „Da fahren der deutsche Papst und sein Kardinal." Dem Legaten gibt er die „verdrießlichsten Reden", spricht Latein nachlässig, fragt, ob man ihn in Italien auch als betrunkenen Deutschen verschreie und antwortet Vergerius, als dieser ihn fragt, ob er bereit sei, auf ein Konzil zu kommen (nicht ein Nationalkonzil der deutschen Kirchen, sondern ein päpstliches, auf dem die Italiener, Spanier 2c. die Oberhand hätten): „Ja, mit diesem meinem Hals und Kopf." Der schlaue Legat wollte Luther von der Seite des Ehrgeizes beikommen; allein dieser behandelt den hohen Prälaten mit Geringschätzung. Vergerius nennt ihn in seinem Bericht nur die Bestie.

2. Der überzeugte Lutheraner. Allein Gott hat mit dem stolzen Kardinal ein Großes vor. Für seine Dienste wird er 1536 mit dem Bistum seiner Vaterstadt beschenkt. 1540 nimmt er am Wormser Religionsgespräch mit den Evangelischen teil, hält eine ernste aber sehr gemäßigte Rede über die Einigkeit der Kirche, infolge derer zwar die Verhandlungen aufgehoben werden; er aber in den Verdacht gerät, als hege er evangelische Gesinnungen. In einer geharnischten Schrift will er, um diesen Verdacht von sich abzuwenden, die Lutheraner bekämpfen. Zu dem Ende forscht er in ihren Schriften und, siehe da! Wie Schuppen fiel es ihm von den Augen. Er und sein Bruder predigen das Evangelium. Er fällt der Inquisition in die Hände, appelliert an das gerade versammelte tridentische Konzil, wird aber nicht vorgelassen; weil, wie er selbst sagt, er zu viel wisse. Wenn er schweige, wird ihm Ruhe versprochen. In Padua, wohin ihn Geschäfte bringen, wohnt er in derselben Straße mit Franzisko Spiera, der in Verzweiflung über seine Verleugnung des evangelischen Glaubens ist. Vergerius besucht ihn häufig und wird so ergriffen, daß er öffentlich sich zum Evangelium bekennt, in die Schweiz flieht und unter dem Schutze des Herzogs von Württemberg in Tübingen lebt. Durch seine genaue Kenntnis römischer Zustände leistet er der Reformation wertvolle Dienste.

TETZEL ABLASS VERKAUFEND.

Johann Tetzel.

1. Der Ketzermeister. Tetzel ist etwa 15 Jahre älter als Luther, gibt die Veranlassung zu den 95 Thesen Luthers, welche den Beginn der Reformation bezeichnen, wird als Sohn eines Goldarbeiters in Leipzig geboren, studiert auf der Universität seiner Vaterstadt, tritt 1489 in das Dominikanerkloster daselbst ein und weiß sich durch seinen mönchischen Eifer die Gunst des Vorstehers (Priors) zu gewinnen. Bald zeichnet er sich durch Beredsamkeit aus und erhält 1502 den Auftrag vom Papst den Ablaß zu predigen. 1512 ist er in Rom. In Ulm mißhandelt er nach seiner Rückkehr einen Bürger und verleitet dessen Frau zum Ehebruch. Der Kaiser Maximilian verurteilt ihn zum „Säcken" in Innsbruck, d. h. er solle in einen Sack genäht und im Inn ersäuft werden. Kurfürst Friedrich verwendet sich für ihn und Tetzel wird zu lebenslänglichem Gefängnis begnadigt. Dieses soll er in Leipzig absitzen; wird aber bald freigelassen. 1517 wird er feierlich zum Ketzenmeister ernannt, um denjenigen nachzuspüren, die das Evangelium lesen und von der schändlichen römischen Pfaffenherrschaft nichts wissen wollen.

2. Der Ablaßkrämer. Der Papst beauftragt ihn bereits 1502, den Ablaß in Deutschland zu predigen. Diesem Auftrage kommt er mit großem Eifer zum größeren Aerger aller wohlmeinenden Fürsten nach, streift in allen Ländern und Gebieten Deutschlands umher und verkauft seine Ware: die Vergebung der Sünden ohne Buße lediglich für Geld! mit unerhörter Unverschämtheit. Unser Bild zeigt denselben, wie er eben in einer Kirche sein blutendes Kreuz aufgerichtet und den Ablaßzettel mit dem Namen Leo X. und den päpstlichen Siegeln emporhält. Kein Fürst konnte feierlicher empfangen werden als er, wenn er in eine Stadt einzog. Doch ist ihm eine Schenkstube ebensolieb zum Verkauf seiner Ware wie eine Kirche. Die Hauptsache ist, daß er seine Geldkiste füllt. Als er einst in Zwickau gute Geschäfte gemacht und seine Kiste bereits zugenagelt hatte, erinnern ihn seine durstigen Kollegen daran, daß er ihnen keinen Schmaus gegeben habe. Am andern Morgen läßt er die Glocken läuten; dem Volk, das in die Kirche strömt, eröffnet er, er habe in der Nacht auf dem Kirchhofe eine Seele jämmerlich winseln hören und sich darum entschlossen, zu bleiben, um den Zwickauern die Gnade widerfahren zu lassen, auch diese Seele noch loskaufen zu können! So bekam er das Geld zum Schmause. Tetzel häufte Betrug auf Betrug. Der päpstliche Gesandte Miltitz hält eine Untersuchung und findet, daß der vom Papste privilegierte Ketzermeister ein „diebischer, lügenhafter und unsittlicher Mensch" sei. Er stirbt 1519 in Leipzig, wohl in Verzweiflung. Zwei Kinder überleben ihn.

Städte, Stätten u. Denkmale.

1. Luthers Geburtshaus in Eisleben.
2. Luthers Wohnhaus in Wittenberg.
3. Die Wartburg bei Eisenach.
4. Die Lutherstube auf der Wartburg.
5. Coburg mit der Veste.
6. Die Stadt Augsburg.
7. Der Saal zu Augsburg.
8. Uebergabe d. Augsb. Konf.
9. Die Kirche zu Eisleben.
10. Luthers Grabschrift.
11. Lutherdenkmal in Worms.

Haus zu Eisleben, worin Luther geboren ward.

Luthers Geburtsstätte.

1. Luthers Ahnherrn. „Ich bin eines Bauern Sohn; mein Vater, Großvater, Ahnherrn sind rechte Bauern gewest;" so schreibt Luther selbst über seine Abstammung. Im Dorfe Möhra bei der Stadt Salzungen im Sächsischen wohnten Hans und Margarete Luther. Noch vor etlichen Jahren gab es in Möhra drei Familien, die den Namen Luther führten und welche Nachkommen der Luther sind, zu welcher auch Luthers Vater gehörte. Der Name selbst wird verschieden geschrieben. Die Möhraer Bauern schreiben ihn bis lange nach Luthers Tod: Luder, Lüder oder Luider. Er selbst ist in Erfurt als Ludher, in Wittenberg als Lüder bei der Universität eingetragen. Erst 1517 schreibt Luther seinen Namen in der Weise, wie es hernach überall gebräuchlich geworden ist. Luther deutet einmal seinen Namen als bedeute er „lauter"; später hat er ihn von dem bekannten altdeutschen Namen „Lothar" abgeleitet.

2. Umzug nach Mansfeld. In Möhra wurde nebst Landwirtschaft auch der Bergbau betrieben. Ein Kupferbergwerk lag in der Nähe. Hans Luther entschließt sich mit seinem Weibe — Kinder waren ihnen noch keine geboren — nach Mansfeld zu ziehen, wohl der ergiebigeren Gruben halber. Und in Mansfeld hat er es auch zu einem ziemlichen Wohlstande gebracht. Er konnte sich zwei Schmelzfeuer und einen Anteil an dem Bergbau des Grafen pachten und hinterließ ein Vermögen von 1250 Gulden, gleich 86,000 nach jetzigem Geldwert. Bald wurde er auch in den Rat der Vieren gewählt und von dem Grafen seines Verstandes und Fleißes halber geschätzt. Aber nicht in Mansfeld ist Luther geboren; sondern in Eisleben, einer Stadt, welche zur Grafschaft Mansfeld gehört. Luthers Eltern hatten sich nämlich hier eine Zeitlang niedergelassen, um dem auch in der Nähe dieser Stadt betriebenen Bergbau nachzugehen. Hier erblickt der große Reformator das Licht der Welt und zwar am 10. November 1483 nachts zwischen 11 und 12 Uhr. Gleich am folgenden Tag wird er zur Taufe in die St. Peters-Kirche getragen und ihm der Name Martin beigelegt nach dem heiligen Martin, dessen Gedächtnistag am 11. November gefeiert wird. Unser Bild zeigt das Haus, in dem er geboren worden ist. Dasselbe ist noch wohl erhalten.

DAS LUTHERHAUS IN WITTENBERG.

Das Lutherhaus in Wittenberg.

1. Das Kloster. Luther tritt 1508 als Lehrer an der Universität in Wittenberg ein und bewohnt als Augustinermönch mit den übrigen Ordensbrüdern, die in Wittenberg ansässig sind, das Augustinerkloster. Vom Kloster bezieht er seinen Unterhalt. 1515 wird ihm die Leitung des theologischen Studiums im Kloster übertragen und im Jahre darauf das eines Distriktsvikars, welches Amt ihn zum Aufseher über eine Reihe Klöster machte. Die Augustinermönche fallen Luthers Lehre zu, treten massenweise aus und werden Lehrer und Prediger des Evangeliums. Im Sommer bewohnt Luther nebst dem Prior Brisger und etwaigen Gästen das Gebäude noch allein. Sie bieten als die jüngsten Erben dem Kurfürsten das Kloster an mit der Bitte, sie sonst versorgen zu wollen, da sie von dem großen Gebäude sich nicht ernähren könnten. Mittlerweile stirbt der Fürst, Brisger tritt aus und Luther verehelicht sich. So richtet der Reformator in dem ehemaligen Kloster seinen Hausstand ein, pflanzt Garten, gräbt Brunnen, zieht Küchengewächse, hält allerlei Haustiere, hat viel Besuch, Studenten als Kostgänger, Knechte und Mägde und geringes Einkommen. In der Stadtkirche predigt er umsonst, für seine Schriften nimmt er kein Honorar von den Verlegern, auch gibt er seine Vorlesungen an der Universität unentgeltlich. Der Fürst erhöht 1528 aus eigenem Antrieb seinen Gehalt auf 200 Gulden (jetzt etwa $1,000). Einmal richtet sich Luther eine Drechselwerkstätte in seinem Hause ein und sagt, wenn die undankbare Welt uns nicht mehr um des Wortes Gottes ernähren will, so wollen wir uns mit unserer Hände Arbeit erhalten.

2. Luthers Eigentum. Ob nun auch Luther bisher in unbestrittenem Besitz des Gebäudes gewesen ist, so hat ihm der Kurfürst denselben doch auch förmlich bestätigt. — Da gab es dann vieles auszubessern und neu zu bauen. Das Haus war nur zu zwei Dritteilen ausgebaut. Von der Stadt erhält er Backsteine und Kalk. 1532 wird ein Keller gegraben und 1541 eine Badestube eingerichtet. Der Keller fiel bald wiederum ein und Luther kam dabei nahezu zu Schaden. Für unsere Zeit mag es auffallen, daß Luther 1539 eine aus Sandstein gehauene Hausthüre anbringen ließ, die jetzt noch da ist und über derselben Luthers Bild und Wappen. Sein „Gemach" war eine erkerartig über den Stadtgraben gebaute Stube, die später entfernt worden ist. Luther vergrößert den Garten durch Ankauf angrenzenden Landes. Nach dessen Tod ernährt sich seine Witwe dadurch, daß sie das geräumige Haus an Studenten vermietet und Kostgänger hält. Als 1552 die Pest ausbricht, flieht sie nach Torgau, wohin die Universität verlegt worden war und stirbt auch dort. Das Haus ist noch in gutem Zustande erhalten.

DIE WARTBURG.

Die Wartburg.

1. Die Wartburg vor Luther. Sie ist eine der berühmtesten Burgen des Mittelalters. Hier halten die Ritter ihre Turniere und Minnesänger, welche von Burg zu Burg ziehen, besuchen mit Vorliebe die Wartburg. Der bedeutendste unter ihnen, Walther von der Vogelweide, nimmt 1207 teil an dem hier veranstalteten Sängerkrieg. Damals war die Burg Eigentum der Landgrafen von Thüringen. Zu Luthers Zeit gehörte sie zum Besitz der sächsischen Kurfürsten. Sie ist im Thüringer Walde bei Eisenach, da wo derselbe an die Werra stößt, gelegen und in gerader Linie etwa halbwegs zwischen Wittenberg und Worms. Auf der Wartburg lebte vom Jahre 1207 bis 1231 mit kurzen Unterbrechungen die heilige Elisabeth, Tochter des Königs von Ungarn und Gemahlin des Landgrafen Ludwig von Thüringen. Hier geißelt sie jeden Freitag ihren nackten Rücken; von hier aus verpflegt sie die Kranken, küßt deren Geschwüre, versorgt die Hungernden 2c.

2. Luther auf der Wartburg. Am 26. April 1521 war der Reformator von Worms abgereist. Samstag, den 4. Mai, predigt er im Hause seines Vaters Bruders in Möhra und war eben auf dem Weg nach Gotha, als abends sein Wägelein überfallen und Luther von den Reitern mit fortgeschleppt wird. Diese bringen ihn nach vielem Herumziehen auf die Wartburg. Hier lebt er als Ritter Georg, erhält Ritterkleidung, läßt sich Bart und Haare wachsen (d. h. trägt die Haare nicht mehr nach Mönchsweise mit einer Glatze) und wird aufs beste vom Schloßhauptmann, dem Hans von Berlevich, verpflegt. Niemand wußte, wo Luther hingekommen war außer der Kurfürst und etliche andere. Selbst des Kurfürsten Bruder Johann wußte es nicht. Luther muß die Waffen recht tragen lernen, nicht an Büchern, denn das ist nicht ritterlich, aber an Hunden und Netzen Gefallen finden. Spalatin vermittelt einen heimlichen Briefwechsel zwischen Luther und den Wittenbergern.

3. Reise nach Wittenberg. Während Luthers Abwesenheit bringt namentlich Karlstadt auf Abschaffung des Mönchsgelübdes, der Messe 2c. Die Mönche verheiraten sich, die Feier des Abendmahls unter beiderlei Gestalt wird eingeführt und manche Unruhen kommen vor. Als Luther das hört, macht er sich anfangs Dezember 1521 plötzlich nach Wittenberg auf, um seine Mitarbeiter zu mäßigen, zu belehren und zu beruhigen. Es ist ein kühner Schritt; aber unbeschadet kehrt er auf sein „Patmos" zurück. Die Unruhen nehmen jedoch hernach noch mehr überhand. Die Wiedertäufer sind nach Wittenberg gekommen und die Sache des Evangeliums scheint dem Untergange nahe. Der Fürst befiehlt Luther zu bleiben, er könne ihn nicht schützen; Luther antwortet, er wolle den Fürsten mehr schützen, als derselbe ihn würde schützen können; erscheint am 6. März in Wittenberg und predigt die Aufrührer zur Stadt hinaus und stellt die Ordnung wiederum her.

LUTHERZIMMER AUF DER WARTBURG.

Das Lutherzimmer auf der Wartburg.

1. In Arbeit. Obwohl nun Luther, um als echter Ritter zu erscheinen und nicht verdächtig zu werden, manchen Tag der Jagd und Spazierritten opfern mußte, so gehören doch die Monate, welche er auf der Wartburg zubrachte, zu den arbeitsamsten seines Lebens. Gleich in den ersten Tagen macht er sich an die Auslegung des Lobgesanges der Maria, welche er dem Prinzen Johann Friedrich widmet und an seine große lateinische Erklärung der Psalmen. Er läßt eine Schrift ausgehen über die Beichte, schreibt wider den Papst, als er erfährt, daß dieser ihn in das Ketzerregister aufgenommen habe, verfaßt die „Kirchenpostille", welche die erste deutsche evangelische Predigtsammlung ist, und übersetzt das Neue Testament aus dem griechischen Grundtext in die deutsche Sprache. Damals gab es aber noch keine deutsche Schriftsprache, die das Gemeingut aller Deutschen gewesen wäre. In jeder Gegend schrieb man nach dem daselbst gangbaren Dialekt. Luther ist also zuerst bemüht, eine dieser Provinzialsprachen zur allgemeinen deutschen Schriftsprache zu erheben und wählt dafür die Kanzleisprache seines Kurfürsten, welche er für die reinste hält und nach welcher auch die andern deutschen Reichsstände schrieben. — Welches Ansehen der gebannte und geächtete Luther trotzdem genoß, das ersehen wir aus seinem Mahnbrief an Albrecht von Mainz und dessen demütiger Antwort. Als Kurfürst und Erzbischof war Albrecht einer der mächtigsten Fürsten des Reiches. Er hatte seiner Zeit den Tetzel Ablaß predigen lassen. 1521 stellte Albrecht aufs neue Ablaßprediger in Halle an, wofür ihn Luther zur Verantwortung fordert. Albrecht antwortet: „Lieber Herr Doktor, ich will mich dergestalt halten, wie einem frommen Fürsten zusteht; von mir selbst vermag ich nichts; ohne Gottes Gnade ist nichts Gutes an mir. Ich bin sowohl ein stinkender Kot als irgend ein anderer, wo nicht mehr. Das habe ich auf Euer Schreiben nicht wollen bergen; denn Euch Gnade und Gutes um Christi willen zu erzeigen, bin ich williger denn willig." — So wurde dieses Zimmer auf der Wartburg eine Stätte schwerer Arbeit.

2. In Anfechtung. Infolge der ungewöhnten und reichen Kost erleidet Luther vielerlei Beschwerden. Auch mit schweren geistlichen Anfechtungen hat er zu kämpfen. Sein eigenes Herz macht ihm viel zu schaffen. Man erzählt vielfach von einem Tintenfleck in Luthers Zimmer auf der Wartburg, welcher daher rühren soll, daß der Reformator sein Tintenfaß nach dem leibhaftig erschienenen Satan geworfen habe. Allein weder Luther noch ein Berichterstatter aus jener Zeit weiß etwas hiervon. Dagegen erzählt Luther selbst von einem Gerumpel in seinem Kasten und einem Gepolter auf der Treppe, als würfe man ein Schock Fässer hinab. Ebenfalls von einem großen schwarzen Hund, desgleichen man nicht auf der Burg gehalten, der in seinem Bette gelegen sei, den er zum Fenster hinausgeworfen und der keinen Laut von sich gegeben habe.

COBURG MIT DER VESTE.

Luther und die Veste Koburg.

1. Luthers Aufenthalt daselbst. Am Karfreitag, den 15. April 1530, langt der Kurfürst Johann mit andern Fürsten und den Theologen Luther, Melanchthon und Jonas in Koburg, der südlichsten Spitze seines Landes, auf seiner Reise zum Reichstag nach Augsburg an. Luther predigt hier zweimal am Osterfest. Melanchthon benützt die Rast, welche der Zug macht, um an dem vorzulegenden Bekenntnis zu arbeiten, zumal ja Luther, der noch immer in Reichsacht ist, hier unter dem Schutze seines Fürsten bleiben soll, während die Uebrigen nach Augsburg weiter reisen. Luther bewohnt das höchste Haus der auf der Anhöhe gelegenen Veste. Vor seinem Fenster liegt ein Gehölz. In dem ihm eigenen Humor schreibt er an seine Tischgenossen in Wittenberg: In diesen kleinen Wald haben die Dohlen und Krähen einen Reichstag hingelegt. Da ist ein solch Zu= und Abreiten und Geschrei Tag und Nacht, daß mich dünkt, sie seien aus aller Welt hier versammelt. Da schwänzen der Adel und große Hansen immer vor unsern Augen; achten nicht auf große Paläste und Säle, denn ihr Saal ist gewölbt mit dem schönen weiten Himmel; ihr Boden ist getäfelt mit schönen grünen Zweigen und ihre Wände so weit, als der Welt Ende. Was sie beschließen, weiß ich noch nicht; aber ich habe gehört, sie hätten einen gewaltigen Streit vor wider Weizen, Gerste, Hafer ꝛc. Also sitzen wir hier am Reichstage. — Etliche Wochen später schreibt er den kindlichen und geistreichen Brief an sein „liebes Söhnichen", in welchem er ihm von dem Garten erzählt, den er gesehen habe, in welchen nur fromme Kinder kommen und ihn herzlich zur Frömmigkeit ermahnt. Hier vernimmt er auch die betrübende Nachricht vom Tode seines Vaters und erfährt leibliche und geistliche Anfechtungen.

2. Seine Arbeit. Schon in den ersten Tagen macht sich Luther an eine längere „Vermahnung an die Geistlichen ꝛc." In derselben kommen die oft angeführten Worte vor, welche er an die Bischöfe richtet: „Lebe ich, so bin ich eure Pestilenz; sterbe ich, so bin ich euer Tod. Ihr sollt vor meinem Namen keine Ruhe haben, bis daß ihr euch bessert, oder zu Grunde geht." Mit der Uebersetzung der Propheten fährt er fort und deutlich den Jeremias und den Hesekiel; auch legt er etliche Kapitel des letzteren aus. Daneben arbeitet er an der Erklärung der Psalmen. Er schreibt viele Briefe, namentlich an die Mitarbeiter und Fürsten in Augsburg, welche er im Glauben stärkt, liest den ihm zugestellten Entwurf der Augsburgischen Konfession und läßt sich darüber vernehmen: „Sie gefällt mir fast wohl, und weiß nichts daran zu bessern noch zu ändern."

DIE STADT AUGSBURG.

Die Stadt Augsburg.

1. Luther in Augsburg. Augsburg ist eine sehr alte deutsche Stadt. Zweihundert Jahre nach dem Tode des Apostels Johannes gab es hier schon Christen. Die hl. Afra stirbt hier 304 den Flammentod. Ums Jahr 800 wird diese Stadt Sitz eines Bischofs. Hier lebt die Familie Fugger, welche sich durch Handel einen solch fabelhaften Reichtum erworben hat, daß sie Kaiser und Fürsten aus ihren Geldverlegenheiten zu helfen im stande ist. Erzbischof Albrecht von Mainz entlehnt von Hans Fugger 30,000 Gulden, um den Papst für das verliehene Pallium zu befriedigen. Luther ist nur einmal in Augsburg, und zwar um sich vor dem Kardinal Cajetan zu verantworten. Der Papst hatte ihn erst zur Verantwortung nach Rom zitiert, stand aber auf des Kurfürsten Friedrichs Vorstellungen schließlich davon ab und sendet seinen Legaten, welcher dem Reichstag beiwohnen und zugleich Luther verhören soll. Die Verhandlungen drehen sich um den Ablaß und den Glauben. Luther bleibt fest. Cajetan erklärt: „Die Bestie habe tiefe Augen und wundersame Spekulationen." Da es für Luther gefährlich zu werden beginnt, so bringen ihn seine Freunde des Nachts durch ein kleines Pförtlein der Stadtmauer aus Cajetans Bereich.

2. Das Augsburger Interim. 1530 wird hier das Bekenntnis der Evangelischen überreicht und Melanchthon verfaßt hier seine Verteidigung derselben, die Apologie. Hievon ist an anderer Stelle die Rede. Kurz nach Luthers Tod machen die Kaiserlichen ernst mit der Unterdrückung des Evangeliums. Einer um den andern der evangelischen Fürsten wird besiegt. Dann wird 1547 bis 1548 ein Reichstag in Augsburg gehalten, in welchem den protestantischen Ständen ein Vergleich in Glaubenssachen vorgelegt wird und dieselben gezwungen werden, ihn in ihren Ländern durchzuführen. Nur Laienkelch und Priesterehe sind zugestanden und die Macht des Papstes beschränkt. Im übrigen aber sind die römischen Lehren und Gebräuche wiederum eingeführt. 400 treue Diener des Wortes irren in Süddeutschland brotlos umher; weil sie dieses Interim nicht annehmen können. — 1555 kommt auch der Augsburger Religionsfriede zwischen den Lutheranern und den Anhängern des Papstes zu stande. Derselbe bestimmt, daß Lutheranern ihres Glaubens halben die körperliche Freiheit nicht entzogen oder geschmälert werden dürfe.

Der Saal, in welchem die Augsburger Confession verlesen wurde.

Der Saal zu Augsburg.

1. Der Reichstag zu Augsburg. Auf dem Reichstag in Worms 1521 war Luther in die Acht erklärt, und die Verbreitung der evangelischen Lehre und das öffentliche Bekenntnis zu derselben verboten worden. Allein dessen ungeachtet fiel ihr ein Land um das andere zu. 1526 wird dann auf dem ersten Reichstag zu Speier beschlossen, daß jeder Reichsstand bis auf weiteres in Sachen des Glaubens handeln könne, wie er es sich vor Gott und dem Kaiser zu verantworten getraue. 1529 tagt in derselben Stadt ein zweiter Reichstag. Die Römischen haben sich aufgerafft und ergreifen nun energische Maßregeln. Die wormser Beschlüsse (1521) sollen durchgeführt werden. Die Evangelischen protestieren und richten sich zur Verteidigung, falls sie angegriffen werden sollten. Die Lage ist drohend. Aber der Türke muß unseres Herrgotts Handlanger sein. Er will in Oesterreich einfallen. Zur Abwehr braucht man die Mithilfe der Evangelischen. Der Kaiser beruft einen Reichstag nach Augsburg. Sein Schreiben ist möglichst versöhnlich. Hier soll die Glaubens- und Türkenfrage zur Verhandlung kommen. Die Evangelischen stellen ein Bekenntnis ihres Glaubens auf, das sie vorzulegen gedenken. Dieses zerfällt in zwei Teile und handelt im ersten (21 Artikel) von den vornehmsten Stücken des christlichen Glaubens, wie ihn die Evangelischen annehmen und im zweiten (7 Artikel) von den päpstlichen Irrlehren und Mißbräuchen, welche sie verwerfen.

2. Uebergabe der Augsburgischen Konfession. Am 20. Juni wird der Reichstag von dem Kaiser eröffnet und zwar in dem geräumigen Saal des Rathauses. Er verlangt von den Lutherischen und Päpstlichen eine Darlegung ihrer Beschwerden und Meinungen. Schon Freitags, den 24. Juni, sollen die Evangelischen die ihrige einreichen. Zwei Exemplare sind bereit: ein deutsches und ein lateinisches. Dieses trägt außer den bekannten sieben Unterschriften zum deutschen noch den Namen des nachherigen Kurfürsten Johann Friedrich (Sohn des Kurfürsten Johann) und den des Herzogs Franz von Lüneburg. Eine Reihe anderer unterschreiben hernach noch nach der Uebergabe; da sie zuvor die Vollmacht dazu noch nicht erhalten hatten. Zur Uebergabe kommt es aber nicht bis Samstag, den 25. Juni, nachmittags um 3 Uhr. Der Kaiser verlangt zuerst eine bloße Einhändigung des Schriftstücks; jedoch erlangen die evangelischen Fürsten, das Bekenntnis vorlesen zu dürfen und zwar in deutscher Sprache. Der Kaiser vertagt, um die Zahl der Zuhörer zu beschränken, die Versammlung in die „Pfalz", d. h. in einen kleineren Saal oder Kapelle im Palaste des Bischofs von Augsburg. Diesen Saal stellt unser Bild dar. Hier verliest der Vizekanzler des Kurfürsten von Sachsen, Dr. Baier, das Bekenntnis laut und deutlich, daß auch die vielen im Hofe Versammelten es hören können.

DIE UEBERGABE DER AUGSBURGER KONFESSION 1530.

Die Uebergabe der Augsburgischen Konfession.

1. Das Bild versetzt uns in den Sitzungssaal im Palaste des Bischofs von Augsburg. Es ist der 25. Juni 1530, nachmittags 3 Uhr. Auf dem Thron in der Mitte sitzt Kaiser Karl V. mit dem Scepter in der Hand, der Krone auf dem Haupt und hinter ihm der doppelte Reichsadler. Er wendet sich nach rechts zu den evangelischen Fürsten, Ständen und Theologen und lauscht aufmerksam der Verlesung der Augsburgischen Konfession. Der Mann, welcher vorn in der Mitte steht und ein Schriftstück in der Hand hält, ist der Vize-Kanzler des Kurfürsten Johann Friedrich von Sachsen, Dr. Christian Bayer. Er verliest eben das Bekenntnis in deutscher Sprache langsam und laut, so daß es auch die im Hofe draußen versammelte Menge vernehmen kann. Neben ihm, mit dem Buche in der Hand, steht der Kanzler Dr. Brück.

2. Zur Rechten hinter ihnen sitzen in der vordern Reihe zuerst Landgraf Philipp von Hessen, mit gefalteten Händen auf sein Schwert sich stützend; sodann neben ihm mit aufgehobenen gefalteten Händen Johann, Sohn des Kurfürsten Johann von Sachsen, der nachherige Kurfürst Johann der Großmütige oder der Fromme. Neben ihm, dem Kaiser etwas näher, sitzt sein Vater, der Kurfürst. Hinter diesen erblicken wir eine hohe Gestalt mit aufgehobenen Händen. Dies ist wohl Wolfgang, Fürst zu Anhalt. Zur äußersten Rechten steht Dr. Justus Jonas mit der Augustinerkappe auf dem Kopfe und vorne neben ihm Melanchthon; jedoch sieht er sich hier nicht recht ähnlich. Aber seine sanfte, demütige Haltung kennzeichnet ihn. Außer diesen sind noch anwesend G. Spalatin, Urb. Regius, J. Brenz, And. Osiander, die beiden Agricola 2c., dann Markgraf Georg von Brandenburg, die Herzoge Ernst und Franz von Lüneburg nebst andern Fürsten und Rittern, die Abgeordneten der Reichsstätte Nürnberg, Reutlingen 2c., und Räten. Unser Bild zeigt nur die vordern Reihen.

3. Zur Linken finden wir die Römischen. Die meisten hören aufmerksam zu; aber keiner macht ein freundliches Gesicht. Nur einer zeigt sich weniger verstimmt. Es ist dies der unter den drei Erzbischöfen in der Mitte sitzende Kurfürst Albrecht von Mainz mit dem Miter, oder Bischofshut, auf dem Haupte und dem Krummstab in der Hand. Neben ihm sitzen die zwei anderen geistlichen Kurfürsten, nämlich die Erzbischöfe von Köln und Trier. Vor ihm nächst dem Kaiser erblicken wir den Kurfürsten von Brandenburg, Joachim I., einen grimmigen Feind Luthers, und den Kurfürsten Friedrich von der Pfalz. Außer diesen sind noch anwesend: der Herzog von Bayern, Georg von Sachsen und viele andere Fürsten; der Legat des Papstes, Campegius, der neben dem Kaiser steht, die Erzbischöfe von Bremen und Salzburg nebst vierzehn Bischöfen und Eck, Cochläus und Faber. Auf der Treppe werden uns noch aufmerksame Zuhörer gezeigt.

Kirche in Eisleben, in welcher Luther seine letzte Predigt hielt.

Die St. Andreas-Kirche zu Eisleben.

1. Eisleben ist uns von früher her bekannt. Dr. Luther ist am 10. Nov. 1483 hier geboren und am kommenden Tage, einem Dienstag und Gedächtnistag des heiligen Martin, in der St. Peters-Kirche getauft worden. Es sind also damals zwei Kirchen in Eisleben gewesen, nämlich die St. Peters- und die St. Andreas-Kirche. Letztere war die größere von beiden. Auch zeigt uns unser Bild einen recht stattlichen Bau mit vier Türmen an den vier Ecken, darunter den gewaltigen zur linken Hand. Eisleben ist in jener Zeit die Residenz der Grafen von Mansfeld gewesen. Ihr ganzes Land war evangelisch und der erste Prediger dieser St. Andreas-Kirche bekleidete zu gleicher Zeit auch das Amt eines Hofpredigers und Generalsuperintendenten des Ländchens. Solche Ehrenämter verwalteten die in der lutherischen Kirche wohlbekannten Männer: Georg Major vom Jahre 1535 an — dieser stellt einmal den Satz auf, nimmt ihn aber später wiederum zurück: die Werke seien nötig zur Seligkeit — sodann 1550 Cyriakus Spangenberg und 1553 Erasmus Sarcerius.

2. Die St. Andreas-Kirche war es nun, in der Dr. Luther zum letztenmal und zwar in den letzten Tagen seines Lebens mehrere Male gepredigt hat. Bekanntlich kommt Luther Ende Januar 1546, an einer Erkältung leidend, die er sich auf der Reise zugezogen, nach Eisleben, um daselbst mit Hilfe des Fürsten Wolfgang von Anhalt und des Grafen Heinrich von Schwarzenburg einen Zwist beizulegen, welcher zwischen den Mansfelder Grafen Albrecht und Gebhard bestand. Am Sonntag, den 31. Jan., predigt er, obwohl noch angegriffen. Desgleichen am 7. und 14. Febr., im Ganzen viermal. An diesem Tage legt er seiner Predigt zu Grunde das Wort Christi, Matth. 11, 25: „Ich preise Dich, Vater, daß Du es den Weisen verborgen 2c." und schließt mit der Mahnung, alle Weisheit dieser Welt fahren zu lassen und ganz nur an das Wort des lieben Herrn und Meisters sich zu halten, der die Mühseligen und Beladenen zu sich rufe. Dann bricht er ab mit den Worten: „Das und noch viel mehr wäre von diesem Evangelio weiter zu sagen, aber ich bin zu schwach, wir wollen's hierbei bleiben lassen." Am 19. Febr. des Nachmittags hält ihm in eben dieser Kirche Justus Jonas die Leichenpredigt. Hier blieb die Leiche über Nacht stehen, bewacht von zehn Bürgern.

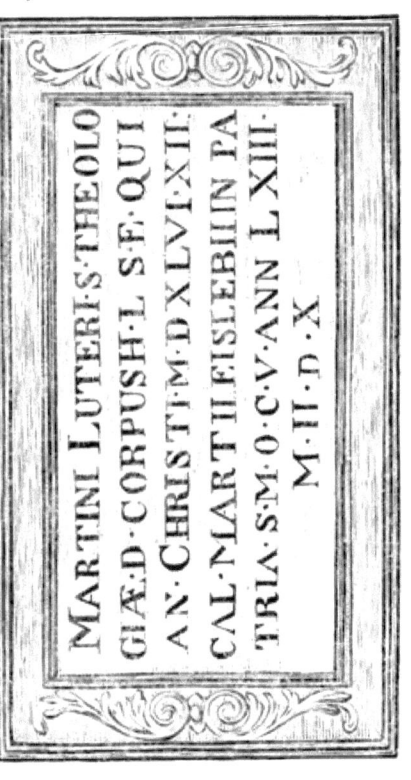

LUTHERS GRABSCHRIFT.

Luthers Grabschrift.

1. Luthers Heimgang. Luther ist bekanntlich während der ersten Hälfte des Februars 1546 in Eisleben mit einem Ausgleich zwischen den Grafen von Mansfeld beschäftigt gewesen. Er hatte oft schwere Krankheiten durchgemacht und war etliche Male in Gefahr des Todes. Auch auf der Hinreise nach Eisleben wurde er (am 28. Jan.) wohl infolge einer Erkältung von Schwindel und Beengung des Atems überfallen. Er erholte sich jedoch bald wieder und war in Eisleben, trotz des Aergers, den ihm die Verhandlungen verursachten, bei leidlichem Wohlsein. Auch während des 17. Febr. fühlt er sich noch recht munter, obwohl er bemerkt, daß er bald nach seiner Rückkehr nach Wittenberg sich werde in den Sarg legen. Am Morgen des 18. gegen 1 Uhr klagte er über große Enge auf der Brust. Dr. Jonas, der mit ihm in demselben Zimmer schlief, weckt den Hausherrn (Stadtschreiber Johann Albrecht) und ruft zwei Aerzte. Luther fühlt den Tod nahen. Er betet ernstlich, wiederholt etliche Sprüche, wie: „Also hat Gott die Welt geliebt" und „Vater, in Deine Hände." Wohl werden allerlei Mittel angewandt; allein alles ist vergeblich. Die Umstehenden fragen ihn: „Wollet ihr auf Christum und die Lehre, die ihr gepredigt habt, beständig bleiben?" worauf Luther mit einem deutlichen „Ja" antwortet, sich auf die Seite kehrt und (um 3 Uhr morgens) entschläft.

2. Sein Grab. Auf Wunsch des Kurfürsten wird Luthers irdische Hülle nicht in Eisleben, sondern in Wittenberg und zwar in der Schloßkirche nahe der Kanzel bestattet. Sein Grab deckt eine Platte, welche hier neben im Bilde zu sehen ist. Die Inschrift ist lateinisch und vielfach abgekürzt. Wir setzen den vollständigen Text nebst Uebersetzung hierher:

"Martini Lutheri, sanctae theologiae doctoris, corpus hoc loco sepultum est, qui anno Christi MDXLVI, XII Calendarum Martii Eislebii in patria sua moriebatur. Omnis cujus vita annos LXIII, menses II, dies X." Zu deutsch: An dieser Stelle ist bestattet der Leichnam Martin Luthers, Doktors der heiligen Theologie, welcher im Jahre Christi 1546, am zwölften Tag der Kalender des März (18. Febr.) zu Eisleben in seiner Vaterstadt starb. Sein ganzes Leben (betrug: 63 Jahre, 2 Monate und 10 Tage.

LUTHERDENKMAL IN WORMS.

Das Lutherdenkmal zu Worms.

1. Ehre dem Ehre gebühret. Wenn seit den Zeiten der Apostel einer es verdient hat, daß ihm ein Denkmal errichtet wurde, so ist dieser kein anderer als unser lieber Dr. Martin Luther. Denn nur wer in der Macht des Geistes Gottes und in der Kraft des ewigen Wortes große Thaten gethan, nur wer unsterbliche Seelen aus der Lüge zur Wahrheit, aus der Nacht zum Licht, aus dem Tod zum Leben, aus dem Verderben zur Seligkeit führt und sich so ein bleibend Denkmal in den Herzen seiner Mitmenschen errichtet hat, nur der ist auch wert, daß ihm die dankbare Welt zum Zeichen ihrer Anerkennung ein sichtbares Denkmal errichtet.

2. Das Lutherdenkmal zu Worms. An Lutherdenkmälern aus Stein und Erz fehlt es hüben und drüben nicht. Das schönste aber steht zu Worms am Rhein, wo dereinst Luther im Jahre 1521 sich selbst ein herrliches Denkmal gesetzt hat auf den Felsen, der da heißt Jesus Christus, ein Denkmal mit der strahlenden Ueberschrift: „Hier stehe ich 2c." In der Mitte des Lutherdenkmals zu Worms erhebt sich die eherne Statue Luthers, ihn darstellend, als er eben jene denkwürdigen Worte vor Kaiser und Reich gesprochen. Ihm zu Füßen sehen wir die 4 mutigen Vorkämpfer der Reformation: Johann Huß, Hieronymus Savonarola, Johann Wiclif und Petrus Waldus. Die 4 äußeren Statuen zeigen uns 4 thätige Mitarbeiter am Werke der Reformation, 2 deutsche Gelehrte: Philipp Melanchthon und Johann Reuchlin; 2 Fürsten: Johann Friedrich, den Kurfürsten von Sachsen, und Philipp, den Landgrafen von Hessen. Die beiden Frauengestalten bedeuten Magdeburg, die gesenkten Hauptes trauert über ihr hartes Geschick unter dem grausamen Tilly, die andere Augsburg mit der Friedenspalme, erinnernd an den Religionsfrieden zu Augsburg.

3. Bedeutung dieses Denkmals. Schön ist's, einem solchen Lehrer ein Denkmal zu errichten; schöner, ihn im bleibenden Andenken der Liebe zu halten; am schönsten aber, wie die Schrift uns mahnt, solcher Ende anzuschauen und ihrem Glauben nachzufolgen. Dazu diene allen, die es sehen, das schöne Lutherdenkmal zu Worms.